LE STANDARD TOGAF®, VERSION 9.2 – GUIDE DE POCHE

The Open Group Publications available from Van Haren Publishing

The TOGAF Series:
The TOGAF® Standard Version 9.2
The TOGAF® Standard Version 9.2 – A Pocket Guide
TOGAF® 9 Foundation Study Guide, 3rd Edition
TOGAF® 9 Certified Study Guide, 3rd Edition
TOGAF® Business Architecture Level 1 Study Guide

The Open Group Series:
The IT4IT™ Reference Architecture, Version 2.1
IT4IT™ for Managing the Business of IT – A Management Guide
IT4IT™ Foundation Study Guide, 2nd edition
The IT4IT™ Reference Architecture, Version 2.1 – A Pocket Guide
Cloud Computing for Business – The Open Group Guide
ArchiMate® 3.1 – A Pocket Guide
ArchiMate® 3 Certification – Study Guide
ArchiMate® 3.1 Specification

The Open Group Security Series:
O-TTPS - A Management Guide
Open Information Security Management Maturity Model (O-ISM3)
Open Enterprise Security Architecture (O-ESA)
Risk Management – The Open Group Guide
The Open FAIR™ Body of Knowledge – A Pocket Guide

All titles are available to purchase from:
www.opengroup.org
www.vanharen.net
and also many international and online distributors.

Le Standard TOGAF® Version 9.2

GUIDE DE POCHE

Titre:	Le Standard TOGAF®, Version 9.2 – Guide de Poche
Publié par:	The Open Group
Auteurs:	Andrew Josey, The Open Group; Professeur Rachel Harrison, Université Brookes d'Oxford; Paul Homan, IBM; Matthew F. Rouse, DXC Technology; Tom van Sante, KPN Consulting Nederland; Mike Turner, EY; Paul van der Merwe, Wesbank
Traduction en français:	Arismore
ISBN Hard copy:	978 94 018 0507 0
ISBN Ebook (pdf):	978 94 018 0510 0
ISBN EPUB:	978 94 018 0511 7

Copyright: © 2009-2019, The Open Group
Tous droits réservés. Il est interdit de reproduire, de stocker dans un système de recherche ou de transmettre sous quelque forme ou par quelque moyen (électronique, mécanique, photocopie, enregistrement ou autres) que ce soit tout ou partie du présent document (édition originale en anglais) sans autorisation expresse du propriétaire du droit de copie.
Les points de vue exprimés dans ce document ne sont pas nécessairement ceux d'un membre particulier quelconque de The Open Group.
En cas de désaccord entre le contenu du présent document et la documentation TOGAF officielle, la documentation TOGAF fait autorité pour la certification, les examens et à d'autres fins. La documentation TOGAF officielle peut être obtenue en ligne sur le site www.opengroup.org/togaf.

Le Standard TOGAF®, Version 9.2 – Guide de Poche
Numéro du document : G185F

Publié par The Open Group, Juillet 2019.

Envoyez vos commentaires sur le contenu de ce document à :
The Open Group
Apex Plaza
Forbury Road
Reading
Berkshire, RG1 1AX
Royaume Uni

Ou par courrier électronique à : ogspecs@opengroup.org

Table des matières

Chapitre 1 Introduction 19
   1.1 Présentation du standard TOGAF 19
   1.2 Structure de la Documentation TOGAF 20
   1.3 L'architecture dans le contexte du standard TOGAF 22
   1.4 Types d'Architectures concernés par le standard TOGAF 22
   1.5 Le contenu du standard TOGAF 23
       1.5.1 Le Modèle de Développement d'Architecture (ADM) 23
       1.5.2 Guidelines et Techniques ADM 25
       1.5.3 Le Cadre de Contenu d'Architecture............................... 25
       1.5.4 Le Continuum d'Entreprise 26
       1.5.5 Le Cadre de Capacité d'Architecture 26

Chapitre 2 La Méthode de Développement d'Architecture 27
   2.1 Qu'est-ce que l'ADM ? 27
   2.2 Quelles sont les phases de l'ADM ?....................................... 28
   2.3 L'ADM en détail 31
       2.3.1 Phase préliminaire 31
       2.3.2 Phase A : Vision de l'Architecture 32
       2.3.3 Phase B : Architecture du Business 34
       2.3.4 Phase C : Architectures des Systèmes d'Information 36
       2.3.5 Phase D : Architecture Technologique............................ 39
       2.3.6 Phase E : Opportunités et Solutions 41
       2.3.7 Phase F : Planification de Migration.............................. 42
       2.3.8 Phase G : Gouvernance de la Mise en œuvre 44
       2.3.9 Phase H : Gestion du Changement d'Architecture 45
       2.3.10 Gestion des Exigences.. 47
   2.4 Définition du périmètre de l'activité d'architecture............. 48

Chapitre 3   Techniques et livrables clés du Cycle ADM 51

   3.1   Le Cadre d'Architecture Personnalisé.. 53
   3.2   Le Modèle Organisationnel pour l'Architecture d'Entreprise 54
   3.3   Les Principes de l'Architecture 55
         3.3.1   Développer les Principes de l'Architecture 55
         3.3.2   Définir les Principes de l'Architecture 56
         3.3.3   Qualités des Principes 58
         3.3.4   Application des Principes d'architecture 59
   3.4   Les Principes business, Buts business et Moteurs business................... 61
   3.5   Le Référentiel d'Architecture 61
   3.6   Les Outils d'Architecture & Techniques 62
   3.7   La Demande de Mise en Chantier d'Architecture 62
   3.8   La Définition du Chantier d'Architecture.. 63
   3.9   La Vision de l'Architecture 63
   3.10 La Gestion des Acteurs Concernés... 64
         3.10.1 Étapes du processus de Gestion des acteurs concernés 65
   3.11 Le Plan de Communication... 67
   3.12 L'Évaluation de l'État de Préparation à la
        Transformation du Business 68
   3.13 L'Évaluation des Capacités 69
   3.14 La Gestion du Risque 71
   3.15 Le Document de Définition de l'Architecture.................................... 71
         3.15.1 L'Architecture du Business 73
         3.15.2 Les Architectures des Systèmes d'Information 74
         3.15.3 L'Architecture Technologique 75
   3.16 La Spécification des Exigences d'Architecture 75
         3.16.1 Les Exigences d'Architecture Business 76
         3.16.2 Les Exigences des Architectures des
                 Systèmes d'Information... 77
         3.16.3 Les Exigences d'Architecture Technologique 77
         3.16.4 Les Exigences d'Interopérabilité 77
   3.17 La Feuille de Route d'Architecture.. 77
   3.18 Les Scénarios Business 79
   3.19 L'Analyse des Écarts... 80

3.20 Les Points de Vue d'Architecture 81
3.21 Les Vues d'Architecture 85
    3.21.1 Développement des vues dans l'ADM 85
3.22 Les Building Blocks de l'Architecture 86
3.23 Les Building Blocks de Solution 87
3.24 La Planification en Fonction des Capacités 87
3.25 Les Techniques de Planification de la Migration 88
    3.25.1 Matrice d'évaluation et de déduction des facteurs de mise en œuvre 88
    3.25.2 Matrice des Écarts Consolidés, des Solutions et des Dépendances 89
    3.25.3 Table Définition des Architectures de Transition 90
    3.25.4 Table de traçabilité d'évolution des Architectures de Transition 90
    3.25.5 Technique d'Évaluation des Valeurs Métiers 92
3.26 Le Plan de Mise en Œuvre et de Migration 93
3.27 L'Architecture de Transition 94
3.28 Le Modèle de Gouvernance de la Mise en Œuvre 95
3.29 Les Contrats d'Architecture 95
3.30 La Demande de Changement 97
3.31 L'Évaluation de conformité 98
3.32 L'Évaluation de l'impact sur les exigences 99

Chapitre 4   Recommandations pour l'adaptation de l'ADM 101
4.1 Introduction 101
4.2 Application des Itérations à l'ADM 103
4.3 Application de l'ADM au sein du Paysage de l'Architecture 108
4.4 Utilisation de l'ADM avec Différents Styles d'Architecture 111

Chapitre 5   Le Cadre de Contenu d'Architecture 113
5.1 Aperçu général du Cadre de Contenu d'Architecture 113
5.2 Le Métamodèle du Contenu 117
    5.2.1 Le Cœur et les Extensions 117

5.3 Éléments d'Architecture 118
    5.3.1 Catalogues, Matrices et Diagrammes 118
  5.4 Livrables de l'Architecture 120
  5.5 Les Building Blocks 123

Chapitre 6   Le Continuum d'Entreprise 125
  6.1 Aperçu général du Continuum d'Entreprise 125
    6.1.1 Le Continuum d'Entreprise et la
          Réutilisation d'architectures 127
    6.1.2 Utilisation du Continuum d'Entreprise dans l'ADM ... 127
  6.2 Le Partitionnement de l'Architecture 128
  6.3 Le Référentiel d'Architecture 129
    6.3.1 Le Référentiel d'entreprise 131

Chapitre 7   Cadre de Capacité d'Architecture 133
  7.1 Créer une Capacité d'architecture 135
  7.2 La Gouvernance de l'Architecture 135
  7.3 Le Comité d'Architecture 136
  7.4 Conformité de l'Architecture 137
  7.5 Le Cadre des Compétences en Architecture 139

Annexe A   Résumé de la Migration 141
  A.1 Modifications entre le standard TOGAF,
      Version 9.1 et Version 9.2 141

Annexe B   Modèles de Référence TOGAF 153
  A.2 Architecture Socle TOGAF 153
  A.3 Modèle de Référence d'Infrastructure d'Informations
      Intégrée (Integrated Information Infrastructure
      Reference Model – III-RM) 153

Glossaire 157

Préface

À propos de ce document

Ce Guide de Poche se base sur le standard TOGAF®, Version 9.2, de The Open Group. Il a pour but d'aider les architectes à se concentrer sur l'amélioration du fonctionnement de l'organisation pour laquelle ils travaillent et d'aider les dirigeants à bien comprendre les fondamentaux du standard TOGAF. Il se décompose comme suit :

- Le Chapitre 1 fournit une présentation générale du standard TOGAF, de l'architecture d'entreprise, du contenu et des concepts fondamentaux du standard ; l introduit également la Bibliothèque TOGAF (TOGAF Library), réunissant des guides qui complètent le standard
- Le Chapitre 2 présente la Méthode de Développement d'Architecture (*ADM – Architecture Development Method*) fournie par le standard TOGAF pour développer des architectures d'entreprise
- Le Chapitre 3 fournit un aperçu général des techniques clés et des livrables du cycle ADM
- Le Chapitre 4 fournit un aperçu général des recommandations à suivre pour adapter l'ADM
- Le Chapitre 5 introduit la notion de Cadre de Contenu d'Architecture, définissant le métamodèle structuré des éléments d'une architecture
- Le Chapitre 6 présente le Continuum d'Entreprise, concept de haut niveau pouvant être utilisé avec l'ADM pour développer une architecture d'entreprise
- Le Chapitre 7 introduit le Cadre de Capacité d'Architecture, constitué d'un ensemble de ressources permettant de créer et de mettre en œuvre un dispositif d'architecture au sein d'une entreprise
- L'Annexe A décrit de façon générale les différences entre le standard TOGAF, Version 9.1 et Version 9.2

Ce document intéressera les architectes d'entreprise, les architectes métiers, les architectes des systèmes d'information, les architectes des données, les architectes systèmes, les architectes solutions et les dirigeants cherchant une première introduction au standard TOGAF.

Il n'est pas nécessaire d'avoir des connaissances préalables sur l'architecture d'entreprise. Après lecture du document, le lecteur souhaitant obtenir davantage d'informations pourra consulter la documentation TOGAF 9[1] disponible en ligne sur www.opengroup.org/architecture/togaf9-doc/arch et également disponible dans l'ouvrage le standard TOGAF, Version 9.2.

À propos du standard TOGAF, Version 9.2
Le standard TOGAF, Version 9.2 est une version de maintenance qui prend en compte les remarques qui ont été émises depuis la publication du standard TOGAF, Version 9.1 en 2011. Il conserve les principales nouveautés apportées par le standard TOGAF, Version 9.1.

Il apporte aussi des réponses concrètes aux profondes transformations digitales.

Aujourd'hui les directions générales savent que la gestion de l'information et la Transformation Digitale sont des facteurs clefs dans la réussite du business et représentent des moyens indispensables pour gagner des avantages concurrentiels. L'Architecture d'Entreprise répond à ce besoin. Elle offre, d'une part, un contexte stratégique qui favorise l'évolution et, d'autre part, des capacités digitales adaptées à des besoins métiers qui changent constamment.

Une structure modulaire : Le standard TOGAF, Version 9.2 renforce la modularité introduite dans le standard TOGAF, Version 9 :
- Une plus grande souplesse d'utilisation – un but bien précis pour chaque partie du standard ; permet une utilisation indépendante sous la forme d'un jeu de recommandations

---

1 Le standard TOGAF®, Version 9.2 (C182); www.opengroup.org/library/c182.

- L'adoption incrémentielle du standard TOGAF
- L'accompagnement du standard via une collection de guides – la Bibliothèque TOGAF – afin d'enrichir le standard TOGAF de manière opérationnelle et adaptée à chaque contexte d'entreprise

Cadre de Contenu : le standard TOGAF comprend un cadre de contenu améliorant la cohérence des divers sortants créés lors de l'application de la Méthode de Développement d'Architecture (ADM). Le cadre de contenu TOGAF propose un modèle détaillé de produits du travail d'architecture.

Une meilleure assistance : Le standard TOGAF fait appel à un ensemble complet de concepts et de recommandations conduisant à des architectures hiérarchisées et intégrées, développées par des équipes appartenant à de grandes organisations, et utilisant un modèle de gouvernance d'architecture prédominant. On introduit notamment les concepts suivants :
- Le Partitionnement (*Partitioning*) : des techniques permettant de partitionner les diverses architectures d'une entreprise
- Le Référentiel d'Architecture (*Architecture Repository*) : un Modèle d'information logique représentant un Référentiel d'Architecture pouvant être utilisé comme espace de stockage et publication intégré pour tous les sortants produits par exécution de l'ADM
- Le Cadre de Capacité (*Capability Framework*) : définition plus structurée de l'organisation, des compétences, des rôles et des responsabilités exigés pour mettre en œuvre de façon efficace une Capacité d'architecture d'entreprise ; TOGAF apporte une aide au processus qui peut ainsi être suivi pour identifier et élaborer une Capacité d'architecture appropriée

Styles d'architectures : Le standard TOGAF est conçu pour être flexible et peut être utilisé avec différents styles d'architecture. Des exemples sont fournis à la fois dans le standard TOGAF (Partie III : Guidelines & Techniques) et dans la Bibliothèque TOGAF. Ensemble, ils constituent

un ensemble de supports qui détaillent comment l'ADM peut être appliqué à un contexte spécifique, par exemple :
- Les diverses façons d'utiliser les itérations dans la méthode ADM et les moments où il convient d'appliquer chaque technique
- Les divers types de développements d'architectures exigés dans une entreprise et la façon dont ils sont liés les uns aux autres

Autres détails concernant l'ADM : Le standard TOGAF, Version 9.2 fournit des informations détaillées supplémentaires aux versions précédentes du standard, utiles à l'exécution de l'ADM. On peut notamment citer les améliorations suivantes :
- Les phases Vision de l'Architecture et Architecture du Business comportent des recommandations complémentaires pour le développement de l'architecture business ; ceci inclut un zoom sur les cartes de Capacités Business, de Value Streams et diagrammes des organisations
- La phase d'Architecture Technologique prend en compte que les nouvelles technologies conduisent à de plus en plus de changements motivés par la technologie

Conventions utilisées dans ce document

Les conventions suivantes sont utilisées dans l'ensemble du document afin de pouvoir mieux identifier les informations les plus pertinentes et d'éviter toute confusion quant à la signification voulue :
- Points de suspension (…)
  Indique une continuation, comme par exemple une liste partielle d'éléments d'un exemple, ou la suite d'un texte précédent.
- **Gras**
  Permet de faire ressortir certains termes particuliers.
- *Italiques*
  Permet d'insister sur une expression. Peut également désigner d'autres documents externes. On utilisera également les italiques pour expliciter certains acronymes ou termes anglais utilisés dans cette traduction.

À propos de The Open Group
The Open Group est un consortium global qui favorise l'atteinte des objectifs métiers des entreprises par le meilleur usage des standards. Il réunit plus de 500 membres représentant tous les secteurs économiques et toutes les activités (clients finaux, fournisseurs de solutions, intégrateurs, sociétés d'analyses et de conseil, centres de recherche, universités et écoles).

Son rôle est de :
- Identifier et analyser les tendances et besoins émergeants
- Formaliser et partager les meilleures pratiques
- Faciliter l'interopérabilité, rechercher des consensus en s'appuyant sur des spécifications et des technologies libres d'accès
- Offrir un ensemble de services visant à améliorer l'efficacité opérationnelle des consortiums
- Fournir des services de certifications

D'autres informations concernant The Open Group sont disponibles sur www.opengroup.org.

The Open Group a plus de 25 ans d'expérience dans le développement et la gestion de programmes de certification, et a une expérience approfondie du développement, et de la facilitation de l'adoption par l'industrie, de suites de tests, utilisés pour validation la conformité à un standard ouvert ou à une spécification.

The Open Group publie une grande variété de documentations techniques, dont la majorité est ciblée sur le développement des Standards et Guides The Open Group ; mais cela inclut également des livres blancs, des études techniques, des documentations et des tests de certification, et des publications business.

Un catalogue est disponible sur www.opengroup.org/library.

Marques déposées

ArchiMate®, DirecNet®, Making Standards Work®, Open O® logo, Open O and Check® Certification logo, OpenPegasus®, Platform 3.0®, The Open Group®, TOGAF®, UNIX®, UNIXWARE®, and the Open Brand X® logo are registered trademarks and Boundaryless Information Flow™, Build with Integrity Buy with Confidence™, Dependability Through Assuredness™, Digital Practitioner Body of Knowledge™, DPBoK™, EMMM™, FACE™, the FACE™ logo, IT4IT™, the IT4IT™ logo, O-DEF™, O-HERA™, O-PAS™, Open FAIR™, Open Platform 3.0™, Open Process Automation™, Open Subsurface Data Universe™, Open Trusted Technology Provider™, Sensor Integration Simplified™, SOSA™, and the SOSA™ logo are trademarks of The Open Group. are registered trademarks of The Open Group in the United States and other countries.

Tous les autres noms de marques, d'entreprises et de produits ne sont utilisés qu'à seule fin d'identification et peuvent être des marques déposées par leurs propriétaires respectifs.

À propos des auteurs

Andrew Josey, The Open Group
Andrew Josey est VP Standards and Certification supervisant tous les programmes de certification et évaluation de The Open Group. Il est également responsable du processus de gestion des standards. Il a dirigé plusieurs projets de développement de standard comprenant les spécifications et certifications pour les programmes ArchiMate®, IT4IT™, TOGAF®, Open FAIR™, POSIX® and UNIX®.

Il est également membre de l'IEEE, USENIX et de l'AEA (Association of Enterprise Architects). Il détient un MSc en Computer Science de l'University College London.

Professeur Rachel Harrison, Université Brookes d'Oxford
Rachel Harrison est professeur en science de l'informatique au département d'informatique et de communication à l'université Brookes d'Oxford. Auparavant, elle était professeur en informatique, responsable du département de science de l'informatique et directrice de recherche pour l'école d'ingénierie système de l'université de Reading. Ses sujets de recherche portent sur l'évolution des systèmes, les métriques logicielles, l'ingénierie des exigences, l'architecture logicielle et le test logiciel. Elle a publié plus de 100 articles et travaillé en conseil auprès d'organisation comme IBM, le DERA, Philips Research Labs, Praxis Critical Systems, et The Open Group. Elle est l'éditeur en chef du Software Quality Journal, publié par Springer. Elle est l'auteur des study guides pour le programme de certification TOGAF 9.

Paul Homan, IBM
Paul Homan est Chief Technology Officer for Industrial sector clients au sein des Global Business Services d'IBM. Il est architecte informatique certifié, spécialisé en architecture d'entreprise avec plus de 20 ans d'expérience en informatique. Paul est un passionné qui dispose d'une grande expérience pratique dans les domaines de l'architecture,

de la stratégie, de l'autorité de conception et de la gouvernance. Il s'intéresse plus particulièrement à la direction des travaux d'architecture d'entreprise, à la gestion des exigences et à l'architecture business. Il est entré chez IBM en arrivant de l'environnement "utilisateur final", après avoir été architecte en chef au UK Post Office et au Royal Mail. Il a non seulement créé certaines pratiques d'architecture d'entreprise, mais il a également pu en voir les résultats ! Depuis qu'il a rejoint IBM, Paul a consacré son temps à conseiller les clients sur les capacités d'architecture et à diriger activement les activités d'architecture sur de grands programmes clients. Paul a également joué un rôle de premier plan dans la création des capacités d'IBM autour de l'architecture d'entreprise et de la structure TOGAF.

Matthew F. Rouse, DXC Technology
Matthew Rouse est architecte d'entreprise and Deputy Account Chief Technologist chez DXC Technology. Matthew possède une expérience en informatique de plus de 20 ans dans les domaines du développement d'applications, des architectures systèmes, de la stratégie informatique et de l'architecture d'entreprise. Il apporte son expertise dans la planification stratégique et l'architecture informatique et aide les entreprises à aligner leurs investissements informatiques sur leurs objectifs métiers. Matthew est un professionnel de l'informatique agréé membre de la British Computer Society, il est Master Certified IT Architect et membre de l'IEEE Computer Society.

Tom van Sante, KPN Consulting Nederland
Tom van Sante est Principal Consultant chez KPN Consulting Nederland. Sa carrière dans l'informatique a commencé il y a trente ans après des études d'architecture à l'université Technique de Delft. Dans ses différentes fonctions, des opérations jusqu'au management, il a toujours travaillé à la frontière entre le business et l'IT. Il a participé à l'introduction d'ITIL/ALS/BiSL aux Pays Bas. Il a contribué à de nombreux projets gouvernementaux et de l'industrie conseillant sur l'usage de l'IT dans la société moderne.

Mike Turner, EY
Mike Turner a dirigé les efforts de développement du standard TOGAF, Version 9 au sein de Capgemini et a fait partie de l'équipe qui a développé le cadre SAP Entreprise Architecture (une initiative commune à SAP et Capgemini). Il est actuellement Directeur, Strategy et Architecture Advisory chez EY.

Paul van der Merwe, WesBank
Paul van der Merwe est responsable de l'architecture d'entreprise du groupe WesBank, de sa gouvernance informatique et de sa stratégie informatique. Penseur et concepteur, il a conduit de nombreuses innovations dans les domaines sur lesquels il s'est spécialisé, notamment le développement de logiciels, la business intelligence, la gestion des technologies de l'information et de la communication et l'architecture d'entreprise. L'approche fondamentale de l'architecture d'entreprise qu'il préconise est une architecture d'entreprise qui repose sur un référentiel, qui devrait être mise en place au sein des organisations en tant que pratique permanente afin d'offrir de nouvelles capacités business et technologiques.

Remerciements

The Open Group souhaite remercier :
- Les anciens et nouveaux membres de l'Architecture Forum de The Open Group qui ont développé le standard TOGAF,
- Capgemini et SAP pour leurs diverses contributions,
- Les relecteurs de ce document :
    - Martyn Bowis
    - Corinne Brouch
    - Steve Else
    - Bill Estrem
    - Henry Franken
    - Dave Hornford
    - Judith Jones
    - Henk Jonkers
    - J. Bryan Lail
    - Mike Lambert
    - Kiichiro Onishi
    - Roger Reading
    - Saverio Rinaldi
    - John Rogers
    - Robert Weisman
    - Nicholas Yakoubovsky

Pour la traduction :
- Accenture et Ahead Technology Inc. pour leur participation active à la traduction des concepts clés et à la relecture du document traduit,
- Les relecteurs du document traduit :
    - Thierry Lapointe
    - Xavier Linais

Chapitre 1
Introduction

Ce chapitre présente le standard TOGAF®, un cadre d'Architecture d'Entreprise, ouvert et reconnu par l'industrie.

Les sujets abordés sont :
- Une présentation du standard TOGAF
- La structure et le contenu de la documentation du standard TOGAF
- Les types d'architectures traités par le standard TOGAF.

1.1 Présentation du standard TOGAF

Le standard TOGAF est un cadre d'architecture d'entreprise. En résumé, c'est une démarche standard d'aide à l'appropriation, à la production, à l'utilisation et à la maintenance des architectures d'entreprise. Il se fonde sur un modèle de processus itératifs faisant appel aux bonnes pratiques et à des actifs architecturaux réutilisables.

Le standard TOGAF est développé et maintenu par les membres de The Open Group travaillant dans le cadre de l'Architecture Forum. Le développement original du standard TOGAF, Version 1 en 1995, était fondée sur le Cadre d'Architecture Technologique pour la Gestion des Informations (*TAFIM – Technical Architecture Framework for Information Management*) du Ministère de la Défense américain. S'appuyant sur ces solides fondations, l'Architecture Forum of The Open Group a introduit à intervalles réguliers de nouvelles versions du standard TOGAF en les rendant publiques sur le site Web de The Open Group.

Le présent document porte sur le standard TOGAF, Version 9.2, publiée en avril 2018. Il s'agit d'une mise à jour de maintenance du standard TOGAF, Version 9.1 permettant de fournir des conseils d'utilisation supplémentaires, de corriger des erreurs, d'adresser des défis structuraux, et d'éliminer des passages obsolètes. Une description des modifications est fournie dans l'Annexe A.

Le standard TOGAF peut être utilisé pour développer une large gamme d'architectures d'entreprise. Il complète d'autres cadres conceptuels (*frameworks*) et peut s'utiliser conjointement avec eux. Ces autres cadres correspondent plus étroitement à des livrables spécifiques de certains secteurs verticaux tels que gouvernement, télécommunications, industrie, défense et finance. Un concept clé du standard TOGAF est la méthode, ou plus précisément, la Méthode de Développement d'Architecture TOGAF (*ADM – Architecture Development Method*), qui permet de développer une architecture d'entreprise répondant à des besoins métiers.

1.2 Structure de la Documentation TOGAF

La documentation TOGAF est constituée du standard TOGAF et d'une collection de guides, désignée comme la Bibliothèque TOGAF (TOGAF Library), afin de supporter une mise en pratique opérationnelle du standard.

Le standard TOGAF est composé de six parties résumées dans le Tableau 1 ci-après.

Tableau 1 : Structure du document TOGAF

Partie I : Introduction	Cette partie fournit une introduction générale aux concepts clés de l'architecture d'entreprise, notamment à la démarche TOGAF. Elle contient les définitions des termes utilisés dans le standard.
Partie II : Méthode de Développement d'Architecture	Cette partie est au cœur du cadre TOGAF. Elle décrit la Méthode de Développement d'Architecture TOGAF (*ADM – Architecture Development Method*), une démarche pas-à-pas pour le développement d'une architecture d'entreprise.
Partie III : Guides et techniques ADM	Cette partie contient un ensemble de guides et de techniques utilisables pour l'application de la démarche TOGAF et de l'ADM. Des guides et des techniques complémentaires sont également publiés dans la Bibliothèque TOGAF.

Partie IV : Cadre de Contenu d'Architecture	Cette partie décrit le cadre de contenu du standard TOGAF, qui comprend un métamodèle structuré des éléments d'architecture, l'utilisation de *Building Blocks de l'Architecture* réutilisables (*ABB – Architecture Building Blocks*) et un aperçu général d'exemples types de livrables d'architecture.
Partie V : Continuum d'Entreprise et Outils	Cette partie analyse les taxinomies et les outils permettant de catégoriser et de stocker les sortants d'une activité de développement d'architecture au sein d'une entreprise.
Partie VI : Cadre de Capacité d'Architecture	Cette partie traite de l'organisation, des processus, des compétences, des rôles et des responsabilités exigés pour créer et faire fonctionner une pratique d'architecture au sein d'une entreprise.

La Bibliothèque TOGAF complète le standard TOGAF. La Bibliothèque TOGAF est une bibliothèque de référence contenant des guides, des modèles, des patterns et d'autres types d'éléments de référence afin d'accélérer la définition de nouvelles architectures pour l'entreprise. Sa structure est synthétisée dans le Tableau 2 :

Tableau 2 : Structure de la Bibliothèque TOGAF

Section 1 : Documents de base	Ressources qui s'appliquent à la mise en œuvre de l'ADM TOGAF et qui font références de manière explicites à des points d'articulation avec le standard TOGAF.
Section 2 : Documents supports	Ressources qui fournissent des recommandations sur l'usage des concepts et processus décrits dans le standard TOGAF.
Section 3 : Documents généraux	Ressources relatives à l'Architecture d'entreprise en général, et qui ne font pas de références spécifiques au standard TOGAF.
Section 4 : Orientation et Techniques particulières à l'organisation	Information sur les façons d'appliquer le standard TOGAF afin de répondre aux besoins d'entreprises spécifiques.

1.3 L'architecture dans le contexte du standard TOGAF

L'ISO/IEC/IEEE 42010:2011[2] définit « l'architecture » comme étant :
« *Les concepts et les propriétés fondamentaux d'un système dans son environnement, caractérisé par ses composants, ses relations, et par les Principes qui en régissent la conception et l'évolution* ».

Le standard TOGAF se réfère mais ne respecte pas strictement la terminologie ISO/IEC/IEEE 42010:2011. En complément de la définition d'« architecture » de ISO/IEC/IEEE 42010:2011, le standard TOGAF définit un second sens dépendant du context :
« *La structure des composants, accompagnée des relations entre les composants, et des Principes et guidelines déterminant leur conception et leur évolution au cours du temps.* »

1.4 Types d'Architectures concernés par le standard TOGAF

Le standard TOGAF permet de développer quatre types d'architectures apparentés. Ces quatre types d'architectures sont habituellement considérés comme étant des sous-ensembles d'une architecture d'entreprise globale. Le Tableau 3 en fournit une liste.

Tableau 3 : Types d'Architectures pris en charge par le standard TOGAF

Type d'Architecture	Description
Architecture du Business	Stratégie du business, gouvernance, organisation et processus métiers clés.
Architecture des Données[3]	Structure des actifs de données logiques et physiques d'une organisation et ressources de gestion des données.

---

2 ISO/IEC/IEEE 42010:2011, Systems and Software Engineering – Architecture Description
3 Certaines organisations désignent l'Architecture de données sous le nom d'Architecture d'informations.

Type d'Architecture	Description
Architecture Applicative	Plan général destiné au déploiement des applications, décrivant leurs interactions et leurs relations avec les principaux processus métiers de l'entreprise.
Architecture Technologique	Capacités des logiciels et des matériels nécessaires au déploiement de services métiers, données et applicatifs. Cela comprend l'infrastructure informatique, le middleware, les réseaux, les communications, les moyens de traitement et les standards.

1.5 Le contenu du standard TOGAF

Les parties composant le standard TOGAF reflètent la structure et le contenu de la Capacité d'Architecture au sein d'une entreprise, comme illustré sur la Figure 1.

La Méthode de Développement d'Architecture (décrite dans la partie II du standard) est l'élément central du cadre TOGAF. La capacité d'architecture (décrite dans la partie VI du standard) met en œuvre la méthode. La méthode fait appel à plusieurs guidelines et techniques (décrites dans la partie III du standard et la Bibliothèque TOGAF). Il en résulte un contenu qui est ensuite stocké dans le référentiel (*repository*) (décrit dans la partie IV du standard) après classification conformément au Continuum d'Entreprise (décrit dans la partie V du standard). Le référentiel est initialement rempli de modèles de référence TOGAF et autres matériels de référence (décrits dans la Bibliothèque TOGAF).

1.5.1 Le Modèle de Développement d'Architecture (ADM)

The **ADM** describes how to derive an organization-specific Enterprise L'**ADM** (*Architecture Development Method*) décrit la façon d'élaborer une architecture d'entreprise devant répondre aux exigences métiers spécifiques d'une organisation. L'ADM est le principal composant du cadre TOGAF et assiste les architectes à plusieurs niveaux :

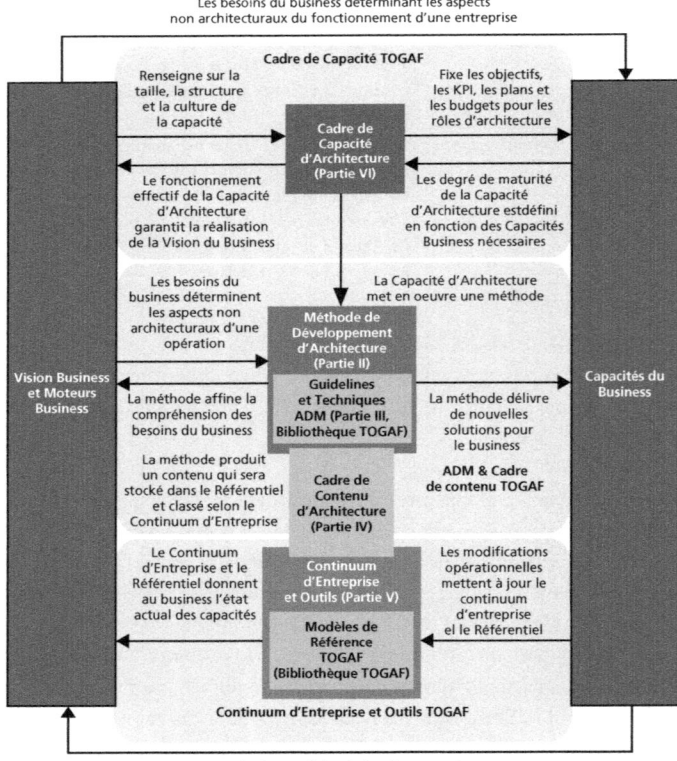

Figure 1 : Synoptique du contenu du standard TOGAF

- Elle propose un certain nombre de **phases d'un cycle de développement d'architecture** (Architecture du Business, Architecture des Systèmes d'Information, Architecture Technologique), sous la forme d'un modèle de processus global destiné à l'activité de développement d'architectures.

- Elle fournit un **descriptif de chaque phase de l'architecture**, présentant ses objectifs, sa démarche, ses entrants, ses étapes et ses sortants. Les parties concernant les entrants et les sortants définissent la structure du contenu d'une architecture et les livrables (une description détaillée des entrants de phase et des sortants de phase est fournie dans le Cadre de Contenu d'Architecture).
- Elle fournit des récapitulatifs inter-phases couvrant la gestion des exigences.

L'ADM est décrite plus en détail au Chapitre 2.

1.5.2 Guidelines et Techniques ADM

Le chapitre **Guidelines et Techniques ADM** décrit un certain nombre de guidelines et de techniques aidant à l'application de l'ADM.

Les guidelines indiquent entre autres – comment utiliser les itérations, et appliquer l'ADM sur l'ensemble du Paysage d'Architecture. On trouvera également une description de haut-niveau sur la manière d'utiliser le cadre TOGAF avec différents styles d'architecture, par exemple SOA.

Les techniques interviennent dans certaines activités inhérentes à la méthode ADM (telles que la Planification en Fonction des Capacités, l'Analyse d'Ecarts, la Planification de la Migration, la Gestion des Risques, la Gestion des Acteurs Concernés, etc.) Des guides et des techniques complémentaires sont aussi disponibles dans la Bibliothèque TOGAF (par exemple un guide sur la technique des Scénarios Business).

Les guidelines ADM sont détaillées au Chapitre 4. Les techniques ADM sont détaillées au Chapitre 3 en association avec les livrables clés.

1.5.3 Le Cadre de Contenu d'Architecture

Le **Cadre de Contenu d'Architecture** propose un modèle détaillé des fournitures de l'architecture parmi lesquelles les livrables, les éléments contenus dans les livrables, et les *Building Blocks de l'Architecture* (*ABB – Architecture Building Blocks*) que représentent les artéfacts.

Le Cadre de Contenu d'Architecture est décrit plus en détail au Chapitre 5.

1.5.4 Le Continuum d'Entreprise

Le **Continuum d'Entreprise** est un modèle permettant de structurer un référentiel virtuel. Il fournit des méthodes permettant de classer des éléments d'architecture décrivant des Principes ou des solutions et illustre la façon dont évoluent les différents types d'éléments d'architecture et dont on peut les exploiter et les réutiliser. Ce continuum se fonde sur des architectures et des solutions (modèles, *patterns*, descriptions d'architectures, etc.) présentes au sein de l'entreprise ou de l'industrie en général, et capitalisées par l'entreprise tout au long du développement de ses architectures.

Le Continuum d'Entreprise est détaillé plus avant au Chapitre 6.

1.5.5 Le Cadre de Capacité d'Architecture

Le **Cadre de Capacité d'Architecture** est un ensemble de ressources, de guidelines, de modèles, d'informations de base etc., aidant l'architecte à établir une pratique d'architecture au sein d'une organisation.

Le Cadre de Capacité d'Architecture est détaillé plus avant au Chapitre 7.

Chapitre 2
La Méthode de Développement d'Architecture

Ce chapitre décrit la Méthode de Développement d'Architecture (ADM), ses relations avec le reste du cadre TOGAF et certaines considérations générales quant à son utilisation. Il comporte également un résumé de chaque phase de l'ADM.

Les sujets abordés dans ce chapitre comprennent :
- Une présentation de l'ADM ;
- Les phases de l'ADM ;
- Les objectifs, étapes, entrants et sortants de chacune des phases de l'ADM ;
- La gestion des exigences pendant le cycle ADM ;
- La définition du périmètre des activités d'architecture.

2.1 Qu'est-ce que l'ADM ?

L'ADM, qui est le fruit des contributions d'un grand nombre de praticiens de l'architecture, est le cœur du standard TOGAF. Il s'agit d'une méthode permettant d'élaborer des architectures d'entreprise propres à chaque organisation. Elle est spécifiquement conçue pour répondre aux exigences de l'entreprise.

L'ADM décrit :
- Une démarche fiable et éprouvée permettant de développer et d'utiliser une architecture d'entreprise ;
- Une méthode de développement d'architectures à différents niveaux[4] (business, applications, données, technologique) qui permettent

---

4 Dans la nomenclature TOGAF on les désigne sous le nom de domaines de l'architecture.

à l'architecte de bien prendre en compte un ensemble complexe d'exigences ;
- Un ensemble de guidelines et de techniques utilisées dans le développement d'une architecture.

2.2 Quelles sont les phases de l'ADM ?

L'ADM est constituée de phases organisées cycliquement en plusieurs domaines de l'architecture. Elles permettent à l'architecte de répondre de façon adéquate à un ensemble complexe d'exigences. La structure de base de l'ADM est représentée par la Figure 2.

L'ADM est appliqué de façon itérative sur tout le processus, entre les phases, et entre les étapes de chaque phase. Pendant tout le cycle ADM, on doit prendre soin de valider régulièrement les résultats par rapport aux exigences initiales, aussi bien celles du cycle ADM dans son ensemble, que celles d'une phase particulière du processus. Ces validations doivent amener à réévaluer le périmètre, les détails, les planifications et les jalons.

Chaque phase doit prendre en compte les actifs produits par les itérations précédentes du processus et les ressources externes disponibles, par exemple d'autres cadres méthodologiques (*frameworks*) ou modèles.

L'ADM utilise le concept d'itération à trois niveaux différents :
- **Les cycles de l'ADM :** L'ADM peut être représenté par un cercle qui indique que l'achèvement d'une phase du chantier d'architecture alimente directement les phases suivantes du chantier d'architecture.
- **Itération entre les phases :** Le standard TOGAF décrit le concept d'itération entre phases (par exemple le retour à l'Architecture du Business une fois l'Architecture Technologique traitée).
- **Les cycles au sein d'une même phase :** L'ADM autorise la répétition de l'exécution des activités réalisées au sein d'une même phase ADM. Cette technique contribue à l'élaboration du contenu de l'architecture.

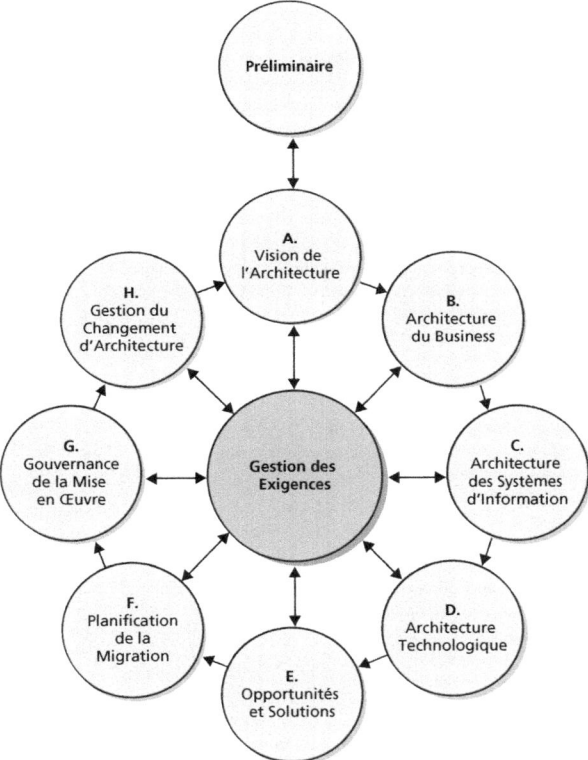

Figure 2 : Cycle de la Méthode de Développement d'Architecture

D'autres informations concernant les itérations sont indiquées dans la partie III du standard TOGAF, Version 9.2 : Guidelines et Techniques de l'ADM (Chapitre 4).

Tableau 4 : Les activités de l'ADM phase par phase

Phase ADM	Activité
Phase préliminaire	Préparer l'organisation pour la réussite des projets d'architecture TOGAF. Entreprendre les activités de préparation et de démarrage nécessaires pour créer une Capacité d'architecture, incluant l'adaptation du cadre TOGAF, le choix des outils et la définition des Principes d'architecture.
Gestion des exigences	Identifier, stocker et fournir les exigences business résultant de chaque étape d'un projet TOGAF qui les traite comme entrants d'une phase de l'ADM, ou les développe comme sortants, les manipule, les valide et les hiérarchise.
A. Vision de l'Architecture	Définir le périmètre, les contraintes et les attentes d'un projet TOGAF. Créer une Vision de l'Architecture. Identifier les acteurs concernés. Valider le contexte du métier et créer la Définition du Chantier d'Architecture. Obtenir les approbations.
B. Architecture du Business C. Architectures des Systèmes d'Information D. Architecture Technologique	Développer les architectures dans les quatre domaines : • Métiers • Systèmes d'information – Applications • Systèmes d'information – Données • Technologique Dans chaque cas, développer l'architectures initiale, l'architecture cible et analyser les écarts.
E. Opportunités et Solutions	Effectuer une première planification de la mise en œuvre et une première identification des modalités de livraison pour les Building Blocks identifiés lors des phases précédentes. Déterminer si une approche incrémentale est nécessaire, et dans ce cas identifier les Architectures de transition.
F. Planification de la Migration	Développer un Plan détaillé de mise en œuvre et de migration qui décrit comment passer de l'architecture initiale à l'architecture cible.

Phase ADM	Activité
G. Gouvernance de la Mise en œuvre	Assurer la gouvernance d'architecture de la mise en œuvre. Préparer et diffuser les Contrats d'Architecture. S'assurer que le projet de mise en œuvre respecte l'architecture.
H. Gestion du Changement d'Architecture	Assurer un suivi continu et prévoir un processus de gestion des changements garantissant que l'architecture réponde aux besoins de l'entreprise et rende maximale la valeur ajoutée de l'architecture pour le métier.

2.3 L'ADM en détail

Les tableaux suivants récapitulent les objectifs, les étapes ainsi que les entrants et sortants[5] de chaque phase du cycle ADM.

2.3.1 Phase préliminaire

La Phase Préliminaire prépare une organisation donnée à la réalisation de projets d'architecture d'entreprise réussis.

Cette phase peut être récapitulée de la façon suivante :

Objectifs	Étapes
Déterminer la Capacité d'architecture souhaitée par l'organisation : • Analyser le contexte de l'organisation au regard de la mise en place de l'architecture d'entreprise • Identifier et délimiter les parties de l'organisation concernées par la Capacité d'architecture • Identifier les cadres méthodologiques, les méthodes et les processus déjà en place qui interagissent avec la Capacité d'architecture	Définir le périmètre des organisations d'entreprise concernées Mettre à jour les cadres de gouvernance et de maintenance de l'architecture Définir et mettre en place l'équipe et l'organisation de l'architecture d'entreprise

---

5 Les numéros de version correspondant à des livrables particuliers ont été omis de ce Guide de Poche car TOGAF définit le mode de numérotation ADM à seul titre d'exemple, celui-ci devant être adapté selon les circonstances.

Objectifs	Étapes
• Mettre en place la Capacité d'architecture : • Définir et mettre en place le modèle organisationnel de l'architecture d'entreprise • Définir et mettre en place les processus et les ressources détaillées de la gouvernance d'architecture • Choisir et mettre en place l'outillage de la Capacité d'architecture • Définir les Principes d'architecture	Identifier et instaurer les Principes d'architecture Adapter le cadre TOGAF et d'autres cadres d'architecture, si besoin Définir la stratégie et le plan de mise en œuvre pour les outils et techniques
Entrants	**Sortants**
La Bibliothèque TOGAF Autre(s) cadre(s) d'architecture Stratégie d'entreprise, business plans, stratégie business, stratégie informatique, Principes du business, Buts Business et Moteurs business Principaux cadres opérationnels qui structurent le business Cadre juridique et cadre de gouvernance Capacité d'architecture Accords contractuels et partenariats Modèle organisationnel existant pour l'architecture d'entreprise Cadre d'architecture existant, comprenant : • Les méthodes d'architecture • Le contenu d'architecture • Les outils déployés et configurés • Les Principes d'architecture • Le Référentiel d'Architecture	Modèle organisationnel pour l'architecture d'entreprise Cadre d'Architecture Personnalisé, y compris les Principes d'architecture Référentiel d'Architecture initial Principes du business, Buts Business et Moteurs business redéfinis ou utilisés tels quels Demande de Mise en Chantier d'Architecture Cadre de gouvernance d'architecture

2.3.2 Phase A : Vision de l'Architecture

La Phase A consiste à définir le projet d'architecture. Elle déclenche une itération du cycle de développement de l'architecture, en définissant le périmètre, les contraintes et les attentes correspondant à cette itération. Elle est nécessaire pour valider le contexte du métier, et pour créer et faire approuver la Définition du Chantier d'Architecture.

Objectifs	Étapes
Développer une vision de haut niveau des capacités et des valeurs métier résultant de l'architecture d'entreprise cible Obtenir l'approbation d'une Définition du Chantier d'Architecture qui définit un programme de travaux de développement et de déploiement de l'architecture esquissée dans la Vision d'architecture	Définir le projet d'architecture Identifier les acteurs concernés, les préoccupations et les exigences du métier Fixer et élaborer les Buts Business, les Moteurs business et les contraintes Évaluer les capacités Estimer l'état de préparation à la transformation du business Définir le périmètre Fixer et élaborer des Principes d'architecture, y compris les Principes du business Développer une Vision de l'Architecture Définir les propositions de valeurs et les KPIs de l'Architecture cible Identifier les risques associés à la transformation du business et les activités d'atténuation des risques Produire la Définition du Chantier d'Architecture ; s'assurer qu'elle est approuvée
Entrants	**Sortants**
Demande de Mise en Chantier d'Architecture Principes du business, Buts Business et Moteurs business Modèle organisationnel pour l'architecture d'entreprise Cadre d'Architecture Personnalisé, comprenant les méthodes d'architecture personnalisées, le contenu d'architecture, les Principes d'architecture, les outils déployés et configurés	Définition du Chantier d'Architecture approuvé Définitions précisées des Principes du business, des Buts Business et des Moteurs business Principes d'architecture Évaluation des Capacités Cadre d'Architecture Personnalisé Vision de l'Architecture, comprenant : • Un affinement des principales exigences des acteurs concernés Document provisoire de définition de l'architecture comprenant, selon le périmètre : • Architecture initiale du Business (haut niveau) • Architecture initiale des Données (haut niveau) • Architecture Applicative initiale (haut niveau) • Architecture Technologique initiale (haut niveau)

Entrants	Sortants
Référentiel d'Architecture peuplé ou documentation de l'architecture existante (descriptions des cadres, descriptions d'architecture, descriptions de l'existant, etc.)	• Architecture cible du Business (haut niveau) • Architecture cible des Données (haut niveau) • Architecture Applicative cible (haut niveau) • Architecture Technologique cible (haut niveau) Plan de Communication Contenu supplémentaire qui remplit le Référentiel d'Architecture

2.3.3 Phase B : Architecture du Business

La Phase B concerne le développement d'une Architecture du Business alignée sur la Vision de l'Architecture qui a été approuvée ; Une modélisation holistique des capacités business, de la production de valeur de bout-en-bout, des informations et des structures organisationnelles, en relation avec la stratégie, les produits, les politiques, les initiatives et les acteurs concernés.

Objectifs	Étapes
Développer l'Architecture du Business cible qui décrit comment l'entreprise doit fonctionner pour atteindre ses objectifs business, et répondre à l'ensemble des moteurs stratégiques mis en évidence dans la Vision d'architecture, de manière à satisfaire la Définition du Chantier d'Architecture et les préoccupations des acteurs concernés Identifier les composants potentiels de la Feuille de Route d'Architecture provisoire à partir des écarts entre l'architecture initiale et l'architecture cible du business	Sélectionner des modèles de référence, des points de vue et des outils Développer une description de l'architecture initiale du business Développer une description de l'architecture cible du business Effectuer une Analyse des Écarts Définir les composants potentiels de la Feuille de route (*roadmap*) provisoire Résoudre les impacts sur tout le Paysage de l'architecture Vérifier formellement que l'architecture reflète les préoccupations des acteurs concernés Finaliser l'architecture du business Créer un Document de Définition de l'Architecture

Entrants	Sortants
Demande de Mise en Chantier d'Architecture	Définition du Chantier d'Architecture, mise à jour si nécessaire
Principes du business, Buts Business et Moteurs business	Principes du business, Buts Business et Moteurs business validés
Évaluation des Capacités	Redéfinition et mise à jour des Principes d'architecture, si applicable
Plan de Communication	Document provisoire de définition de l'architecture comprenant des mises à jour du contenu :
Modèle organisationnel pour l'architecture d'entreprise	
Cadre d'Architecture Personnalisé	• Architecture initiale du Business (détaillée), si nécessaire
Approbation du chantier d'architecture	
Principes d'architecture, y compris les Principes du business, lorsqu'ils préexistent	• Architecture cible du Business (détaillée via les artefacts principaux Capacités Business, Value Streams et Diagramme des Organisations)
Continuum d'entreprise	
Référentiel d'Architecture	
Vision de l'Architecture, comprenant :	• Vues correspondant à des points de vue sélectionnés prenant en compte les préoccupations clés des acteurs concernés
• Un affinement des principales exigences des acteurs concernés	
Document provisoire de définition de l'architecture comprenant :	Spécifications provisoires des exigences d'Architecture, comprenant des mises à jour du contenu :
• Architecture initiale du Business (haut niveau)	• Résultats de l'Analyse des Écarts
• Architecture initiale des Données (haut niveau)	• Exigences techniques
• Architecture Applicative (haut niveau)	• Mises à jour des exigences business
• Architecture Technologique initiale (haut niveau)	Composants d'Architecture du Business de la Feuille de Route d'Architecture
• Architecture cible du Business (haut niveau)	
• Architecture cible des Données (haut niveau)	
• Architecture Applicative cible (haut niveau)	
• Architecture Technologique cible (haut niveau)	

2.3.4 Phase C : Architectures des Systèmes d'Information

La Phase C documente l'organisation fondamentale des systèmes d'informations d'une organisation, incluant les principaux types d'information et les systèmes applicatifs qui les traitent. Cela inclut les articulations entre l'Architecture des Données et l'Architecture Applicative qui peuvent être développées soit séquentiellement, soit simultanément :
- L'Architecture des Données
- L'Architecture Applicative

2.3.4.1 Architecture des Données

Objectifs	Étapes
Développer l'Architecture des Données cible qui rend possible l'Architecture du Business et la Vision d'architecture, de manière à satisfaire la Définition du Chantier d'Architecture et les préoccupations des acteurs concernés Identifier les composants potentiels de la Feuille de Route d'Architecture potentielle à partir des écarts entre les architectures des données initiale et cible	Sélectionner des modèles de référence, des points de vue et des outils Développer une description de l'Architecture initiale des Données Développer une description de l'Architecture cible des Données Effectuer une Analyse des Écarts Définir les composants potentiels de la Feuille de route (*roadmap*) potentielle Résoudre les impacts sur tout le paysage de l'architecture Vérifier formellement que l'architecture reflète les préoccupations des acteurs concernés Finaliser l'Architecture des Données Créer un Document de Définition de l'Architecture

Entrants	Sortants
Demande de Mise en Chantier d'Architecture Évaluation des Capacités Plan de Communication Modèle organisationnel pour l'architecture d'entreprise Cadre d'Architecture Personnalisé Principes concernant les données Définition du Chantier d'Architecture Vision de l'Architecture Référentiel d'Architecture Document provisoire de définition de l'architecture contenant : • L'Architecture initiale du Business(détaillée) • L'Architecture cible du Business(détaillée) • L'Architecture cible des Données (haut niveau) • L'Architecture Applicative initiale (détaillée ou haut niveau) • L'Architecture Applicative cible (détaillée ou haut niveau) • L'Architecture Technologique initiale (haut niveau) • L'Architecture Technologique cible (haut niveau) Spécification provisoire des exigences d'architecture, avec : • Les résultats de l'Analyse des Écarts • Les exigences techniques pertinentes Composants de l'Architecture du Business de la Feuille de Route d'Architecture	Définition du Chantier d'Architecture, mise à jour si nécessaire Principes validés ou nouveaux Principes concernant les données Document provisoire de définition de l'architecture, comprenant des mises à jour du contenu : • Architecture initiale des Données • Architecture cible des Données • Vues de l'architecture des données correspondant aux points de vue sélectionnés et tenant compte des préoccupations clés des acteurs concernés Spécifications provisoires des exigences d'architecture, comprenant les mises à jour du contenu : • Résultats de l'Analyse des Écarts • Exigences d'interopérabilité des données • Exigences techniques pertinentes devant s'appliquer à cette évolution du cycle de développement de l'architecture • Contraintes sur l'Architecture Technologique • Mise à jour des exigences business • Mise à jour des exigences des applications Composants de l'architecture des données de la Feuille de Route d'Architecture

2.3.4.2 Architecture Applicative

Objectifs	Étapes
Développer l'Architecture Applicative cible qui rend possibles l'Architecture du Business et la Vision d'architecture, de manière à satisfaire la Définition du Chantier d'Architecture et les préoccupations des acteurs concernés Identifier les composants potentiels de la Feuille de Route d'Architecture potentielle à partir des écarts entre les Architectures Applicatives initiale et cible	Sélectionner des modèles de référence, des points de vue et des outils Développer la Description de l'Architecture Applicative initiale Développer la Description de l'Architecture Applicative cible Effectuer l'Analyse des Écarts Définir les composants potentiels de la Feuille de route potentielle Résoudre les impacts sur tout le Paysage de l'architecture Vérifier formellement que l'architecture reflète les préoccupations des acteurs concernés Finaliser l'Architecture Applicative Créer un Document de Définition de l'Architecture
Entrants	**Sortants**
Demande de Mise en Chantier d'Architecture Évaluation des Capacités Plan de Communication Modèle organisationnel pour l'architecture d'entreprise Cadre d'Architecture Personnalisé Principes des applications Définition du Chantier d'Architecture Vision de l'Architecture Référentiel d'Architecture Document provisoire de définition de l'architecture contenant : • Architecture initiale du Business (détaillée) • Architecture cible du Business (détaillée) • Architecture initiale des Données (détaillée ou haut niveau)	Définition du Chantier d'Architecture, mise à jour si nécessaire Principes des applications validés, ou nouveaux Principes des applications Document provisoire de définition de l'architecture, comprenant des mises à jour du contenu : • Architecture Applicative initiale • Architecture Applicative cible • Vues de l'Architecture Applicative correspondant aux points de vue sélectionnés, prenant en compte les préoccupations clés des acteurs concernés Spécifications provisoires des exigences d'architecture, comprenant les mises à jour du contenu : • Résultats de l'Analyse des Écarts • Exigences d'interopérabilité des applications

Entrants	Sortants
• Architecture cible des Données (détaillée ou haut niveau) • Architecture Applicative initiale (haut niveau) • Architecture Applicative cible (haut niveau) • Architecture Technologique initiale (haut niveau) • Architecture Technologique cible (haut niveau) Spécification provisoire des exigences d'architecture, y compris : • Résultats d'Analyse des Écarts • Exigences techniques pertinentes Composants des architectures du business et des données de la Feuille de Route d'Architecture	• Exigences techniques pertinentes devant s'appliquer à cette évolution du cycle de développement de l'architecture • Contraintes sur l'Architecture Technologique • Mise à jour des exigences métier • Mise à jour des exigences concernant les données Composants de l'Architecture Applicative de la Feuille de Route d'Architecture

2.3.5 Phase D : Architecture Technologique

La Phase D consiste à documenter l'organisation fondamentale des systèmes informatiques, incluant les technologies matérielles, logicielles et de communication.

Objectifs	Étapes
Développer l'Architecture Technologique cible qui rend possible la Vision d'Architecture, les building blocks business, données, applicatifs, technologiques à fournir, via des composants et des services technologiques. Identifier les composants potentiels de la Feuille de Route d'Architecture potentielle à partir des écarts entre les Architectures Technologiques initiale et cible.	Sélectionner des modèles de référence, des points de vue et des outils Développer une description de l'Architecture Technologique initiale Développer une description de l'Architecture Technologique cible Effectuer une Analyse des Écarts Définir les composants potentiels de la Feuille de route potentielle Résoudre les impacts sur tout le Paysage de l'architecture

Objectifs	Étapes
	Vérifier formellement que l'architecture reflète les préoccupations des acteurs concernés
	Finaliser l'Architecture Technologique
	Créer un Document de Définition de l'Architecture
Entrants	**Sortants**
Demande de Mise en Chantier d'Architecture	Définition du Chantier d'Architecture, mise à jour si nécessaire
Évaluation des Capacités	Principes techniques validés ou nouveaux Principes techniques (s'ils sont générés à ce stade)
Plan de Communication	
Modèle organisationnel pour l'architecture d'entreprise	
Cadre d'Architecture Personnalisé	Document provisoire de définition de l'architecture, comprenant des mises à jour du contenu :
Principes techniques	
Définition du Chantier d'Architecture	
Vision de l'Architecture	• Architecture Technologique initiale, si nécessaire
Référentiel d'Architecture	
Document provisoire de définition de l'architecture contenant :	• Architecture Technologique cible
• Architecture initiale du Business(détaillée)	• Vues de l'Architecture Technologique correspondant aux points de vue sélectionnés, prenant en compte les préoccupations clés des acteurs concernés
• Architecture cible du Business(détaillée)	
• Architecture initiale des Données (détaillée)	
• Architecture cible des Données (détaillée)	Spécifications provisoires des exigences d'architecture, comprenant les mises à jour du contenu :
• Architecture Applicative initiale des Applications (détaillée)	• Rapport d'Analyse des Écarts
• Architecture Applicative cible des Applications (détaillée)	• Exigences en sortie des phases B et C
• Architecture Technologique initiale (haut niveau)	• Mises à jour des exigences technologiques
• Architecture Technologique cible (haut niveau)	Composants de l'Architecture Technologique de la Feuille de Route d'Architecture
Spécification provisoire des exigences d'architecture, y compris :	

Entrants	Sortants
• Résultats de l'Analyse des Écarts • Exigences technologiques pertinentes Composants des Architectures du business, des données et des applications de la Feuille de Route d'Architecture	

2.3.6 Phase E : Opportunités et Solutions

La Phase E est la première phase concernant directement la mise en œuvre. Elle décrit le processus permettant d'identifier les éléments de structuration et de planification (projets, programmes ou portefeuilles) nécessaires à la mise en œuvre de l'Architecture cible identifiée lors des phases précédentes.

Objectifs	Étapes
Assembler une version initiale de la Feuille de Route d'Architecture globale, sur la base des analyses d'écarts et des composants potentiels de la Feuille de Route d'Architecture provisoire des phases B, C et D Déterminer s'il y a besoin d'une démarche incrémentale, et dans ce cas, identifier les Architectures de Transition qui apporteront successivement de la valeur business Définir globalement les Building Blocks de Solution (SBBs) pour finaliser l'architecture cible associée aux Building Blocks de l'Architecture (ABBs)	Déterminer/vérifier les principaux facteurs de changement de l'entreprise Déterminer les contraintes du business imposées pour la mise en œuvre Passer en revue et consolider les résultats de l'Analyse des Écarts des phases B à D Analyser les exigences consolidées au regard des fonctions business associées Consolider et réconcilier les exigences d'interopérabilité Affiner et valider les dépendances Vérifier l'état de préparation et les risques associés à une transformation du business Formuler une Stratégie de mise en œuvre et de migration Identifier et regrouper des lots de travail (*work packages*) Identifier les Architectures de transition Créer la Feuille de Route d'Architecture et le plan de mise en œuvre et migration

Entrants	Sortants
Information sur les produits Demande de Mise en Chantier d'Architecture Évaluation des Capacités Plan de Communication Méthodologies de planification Modèle d'Organisation pour l'Architecture d'entreprise Cadres et modèles de gouvernance Cadre d'Architecture Personnalisé Définition du Chantier d'Architecture Vision de l'Architecture Référentiel d'Architecture Document provisoire de définition de l'architecture Spécification provisoire des exigences d'architecture Demandes de changement de programmes et de projets existants Composants potentiels de la Feuille de Route d'Architecture potentielle issue des phases B, C et D	Définition du Chantier d'Architecture, éventuellement mise à jour Vision de l'Architecture, éventuellement mise à jour Document provisoire de définition de l'architecture, comprenant le nombre et le périmètre des architectures de transition, s'il y en a, Spécification provisoire des exigences d'architecture, éventuellement mise à jour Évaluation des Capacités, comprenant : • La capacité business • La capacité informatique Feuille de Route d'Architecture, comprenant : • Le portefeuille des lots de travail • L'identification des architectures de transition, si nécessaire • Recommandations sur la mise en œuvre Plan de Mise en Œuvre et de Migration (grandes lignes), incluant la stratégie de mise en œuvre et de migration

2.3.7 Phase F : Planification de Migration

La Phase F concerne la planification de la migration, c'est-à-dire la façon de passer de l'architecture initiale à l'architecture cible en finalisant un Plan de Mise en Œuvre et de Migration détaillé.

Objectifs	Étapes
Finaliser la Feuille de Route d'Architecture et le Plan de Mise en Œuvre et de Migration qui la concrétise S'assurer que le Plan de Mise en Œuvre et de Migration est coordonné avec	Vérifier les interactions entre les cadres de gestion et le Plan de Mise en Œuvre et de Migration Affecter une valeur métier à chaque lot de travail

Objectifs	Étapes
la démarche de gestion et de mise en œuvre des changements portés par le portefeuille de l'ensemble des projets de l'entreprise S'assurer que la valeur business et le coût des lots de travail et des Architectures de Transition sont bien compris par les acteurs concernés clés	Estimer les besoins en ressources, la durée des projets ainsi que les modalités de leur livraison Hiérarchiser les projets de migration en conduisant une évaluation du coût/bénéfice et une validation des risques Confirmer la Feuille de Route d'Architecture et mettre à jour le Document de Définition de l'Architecture Finaliser le Plan de mise en œuvre de migration Finaliser le cycle de développement de l'architecture et documenter les retours d'expérience
Entrants	**Sortants**
Demande de Mise en Chantier d'Architecture Plan de Communication Modèle organisationnel pour l'architecture d'entreprise Modèles et Cadres de Gouvernance Cadre d'Architecture Personnalisé Définition du Chantier d'Architecture Vision de l'Architecture Référentiel d'Architecture Document provisoire de définition de l'architecture, y compris : • Les Architectures de transition, s'il y en a Spécification provisoire des exigences d'architecture Demandes de changement de programmes et de projets existants Feuille de Route d'Architecture	Plan de Mise en Œuvre et de Migration (détaillé), comprenant : • La stratégie de mise en œuvre et de migration • La répartition de la mise en œuvre dans les portefeuilles et les projets • Les plans projets (optionnel) Document finalisé de définition de l'architecture, comprenant : • Les Architectures de Transition finalisées, s'il y en a Spécification finalisée des exigences d'architecture Feuille de Route d'Architecture finalisée *Building Blocks* réutilisables de l'architecture Demande de Mise en Chantier pour une nouvelle itération du cycle ADM (si nécessaire)

Entrants	Sortants
Évaluation de capacités, comprenant : • Capacité business • Capacité informatique Plan de Mise en Œuvre et de Migration (grandes lignes), comprenant : • Stratégie de haut niveau pour la mise en œuvre et la migration	Modèle de Gouvernance de la Mise en Œuvre Demandes de changement de la Capacité d'architecture résultant des leçons qui ont pu être tirées

2.3.8 Phase G : Gouvernance de la Mise en œuvre

La Phase G définit la façon dont l'architecture contraint les projets de mise en œuvre, en assure le suivi pendant sa construction et produit un Contrat d'Architecture signé.

Objectifs	Étapes
S'assurer de la conformité des projets de mise en œuvre à l'architecture cible Appliquer les fonctions de gouvernance d'architecture à la solution construite et à toutes les demandes de changement d'architecture émises lors de la réalisation	Vérifier le périmètre et les priorités du déploiement avec le management des équipes de gestion de mise en œuvre Identifier les ressources et les compétences de déploiement Guider la définition de la stratégie de déploiement des solutions mises en œuvre Effectuer des analyses de conformité de l'architecture d'entreprise Déployer en environnement opérationnel les services IT et les services métiers Effectuer une analyse post-mise en œuvre et clore la mise en œuvre

Entrants	Sortants
Demande de Mise en Chantier d'Architecture	Contrat d'architecture (signé)
Évaluation des Capacités	Évaluations de conformité
Modèle organisationnel pour l'architecture d'entreprise	Demandes de changements
Cadre d'Architecture Personnalisé	Solutions déployées conformes à l'architecture, comprenant :
Définition du Chantier d'Architecture	• Le système mis en œuvre en conformité avec l'architecture
Vision de l'Architecture	• Le Référentiel d'Architecture peuplé
Référentiel d'Architecture	• Des recommandations et des dérogations sur la conformité avec l'architecture
Document de Définition de l'Architecture	• Des recommandations concernant les exigences de mise en service
Spécification des Exigences d'Architecture	• Des recommandations concernant les indicateurs de performance
Feuille de Route d'Architecture	• Des Contrats de niveau de service (*SLA – Service Level Agreements*)
Modèle de Gouvernance de la Mise en Œuvre	• La Vision de l'Architecture mise à jour après mise en œuvre
Contrat d'architecture	• Le Document de Définition d'Architecture, mis à jour après mise en œuvre
Demande de Mise en Chantier d'Architecture identifiée dans les phases E et F	
Plan de Mise en Œuvre et de Migration	• Des modèles opérationnels métier et de l'informatique pour la solution mise en œuvre

2.3.9 Phase H : Gestion du Changement d'Architecture

La Phase H s'assure que les changements d'architecture sont gérés de façon maîtrisée.

Objectifs	Étapes
S'assurer que le cycle de vie de l'architecture est actif et mis à jour S'assurer que le cadre de gouvernance d'architecture est appliqué S'assurer que la Capacité d'architecture d'entreprise répond aux exigences actuelles	Mettre en place un processus de concrétisation de la valeur Déployer des outils de suivi Gérer les risques Réaliser les études nécessaires à la gestion du changement d'architecture Émettre des exigences de changement permettant d'atteindre les objectifs de performances Gérer le processus de gouvernance de l'architecture Activer le processus de mise en œuvre du changement
Entrants	**Sortants**
Demande de Mise en Chantier d'Architecture Modèle organisationnel pour l'architecture d'entreprise Cadre d'Architecture Personnalisé Définition du Chantier d'Architecture Vision de l'Architecture Référentiel d'Architecture Document de Définition de l'Architecture Spécification des Exigences d'Architecture Feuille de Route d'Architecture Demandes de changement dues à des changements techniques Demandes de changement dues à des changements métiers Demandes de changement résultant des leçons ayant pu être tirées Modèle de Gouvernance de la Mise en Œuvre Contrat d'architecture (signé) Évaluations de conformité Plan de Mise en Œuvre et de Migration	Mises à jour de l'architecture Modifications du cadre et des Principes de l'Architecture Nouvelles demandes de mise en chantier d'architecture, qui vont déclencher un autre cycle de l'ADM Définition du Chantier d'Architecture, éventuellement mise à jour Contrat d'architecture, éventuellement mis à jour Évaluations de conformité, éventuellement mises à jour

2.3.10 Gestion des Exigences

Le processus de Gestion des exigences d'architecture s'applique à toutes les phases du cycle ADM. Le processus de Gestion des Exigences est un processus dynamique qui a pour but d'identifier les exigences de l'entreprise, de les mémoriser puis de les livrer en entrée et en sortie des phases correspondantes de l'ADM. Comme illustré sur la Figure 2, ce processus est au cœur de la démarche.

La possibilité de prendre en charge les éventuelles modifications des exigences est une caractéristique essentielle de l'ADM car l'architecture, du fait de sa nature même, doit pouvoir s'adapter à l'incertitude et au changement, et comble ainsi l'écart entre les aspirations des acteurs concernés et ce que permet d'obtenir une solution réalisable.

Objectifs	Étapes
S'assurer que le processus de gestion des exigences est actif et opérationnel pour toutes les phases de l'ADM qui en ont besoin. Gérer les exigences d'architecture identifiées pendant un cycle ou une phase de l'ADM. S'assurer que les exigences d'architecture utiles à une phase sont disponibles pour être utilisées au cours de la phase.	Identifier/documenter les exigences Exigences initiales Assurer le suivi des exigences initiales Identifier les exigences modifiées : supprimer, ajouter, modifier et redéfinir les priorités Identifier les exigences modifiées et enregistrer les priorités ; identifier et résoudre les conflits ; émettre les évaluations d'impacts des exigences Évaluer l'impact des exigences modifiées sur les phases actuelles et précédentes de l'ADM Mettre en œuvre les exigences résultant de la Phase H Mettre à jour le référentiel des exigences Mettre en œuvre les changements de la phase actuelle Évaluer et réviser l'Analyse des Écarts pour les phases précédentes

Entrants	Sortants
Les entrants du processus de Gestion des Exigences sont les sortants relatifs aux exigences de chaque phase ADM. Les premières exigences de haut niveau sont produites en tant que parties de la Vision de l'Architecture. Chaque domaine architectural génère ensuite des exigences détaillées. Les livrables des phases ADM ultérieures prennent en compte des relations de correspondance avec de nouveaux types d'exigences (par exemple des exigences de conformité).	Exigences modifiées Évaluation de l'impact des exigences, celle-ci identifiant les phases de l'ADM qu'il est nécessaire de redéfinir pour prendre en compte les éventuelles modifications. La version finale doit comprendre l'ensemble des implications des exigences (comme les coûts, les délais et les indicateurs métiers).

2.4 Définition du périmètre de l'activité d'architecture

L'ADM définit l'ordre des différentes phases et étapes du développement de l'architecture d'entreprise d'une organisation, mais l'ADM ne peut pas en définir le périmètre : c'est l'organisation elle-même qui doit le déterminer.

La nécessité de contraindre (ou de restreindre) le périmètre de l'activité architecturale s'appuie sur de nombreuses raisons. Pour la plupart, celles-ci sont liées aux limites imposées :
- Par le périmètre de responsabilité de l'équipe produisant l'architecture ;
- Par les objectifs et les préoccupations des acteurs concernés qui doivent être pris en compte dans l'architecture ;
- Par la disponibilité des personnes, des financements et autres ressources.

Le périmètre choisi pour l'activité d'architecture devra idéalement permettre de gouverner et d'intégrer efficacement les interventions de tous les architectes de l'entreprise. Cela requiert un ensemble de "partitions d'architecture" cohérentes qui évitent les conflits ou les doublons entre les travaux effectués par les architectes. Cela exige également la définition de relations de réutilisation et de conformité entre les diverses partitions de l'architecture. Ce découpage de l'entreprise et son activité liée à l'architecture est traité dans le standard TOGAF, Version 9.2, Partie III (voir Chapitre 4).

Le Tableau 5 indique les quatre dimensions suivant lesquelles on peut définir et délimiter le périmètre d'activité.

Tableau 5 : Dimensions suivant lesquelles on délimite le Périmètre de l'Activité d'architecture

Dimension	Considérations
Étendue	Quel est le périmètre total de l'entreprise et sur quelle partie de ce périmètre devront porter les efforts d'architecture ? Beaucoup d'entreprises sont de très grande taille et sont en réalité une fédération d'entités organisationnelles dont chacune peut elle-même être considérée comme une entreprise. L'entreprise moderne s'étend de plus en plus au-delà de ses frontières traditionnelles, et englobe une combinaison mal délimitée d'entreprises exerçant des métiers traditionnels en association avec des fournisseurs, des clients et des partenaires.
Profondeur	Jusqu'à quel niveau de détail doit aller l'effort d'architecture ? Quel effort d'architecture est suffisant ? Comment définir et placer la frontière entre l'effort d'architecture et les autres activités connexes (conception de système, ingénierie système, développement système)
Période de temps	Quel est le temps qui doit être consacré à la Vision d'architecture, et est-il raisonnable (en termes de ressources et d'un point de vue pratique) d'allouer la même durée à la description détaillée de l'architecture ? Sinon, combien d'Architectures de Transition doivent être définies, et sur quelles durées ?

Dimension	Considérations
Domaines de l'Architecture	La description complète d'une architecture d'entreprise doit englober la totalité des quatre domaines de l'architecture (Business, Données, Applications, Technologiques), mais les réalités imposées par les ressources et les contraintes de temps se traduisent souvent par des délais, des financements ou des ressources ne permettant pas de construire une description d'architecture complète, de haut en bas et englobant la totalité des quatre domaines architecturaux, même si l'on choisit un périmètre d'entreprise plus limité à celui de l'entreprise dans sa globalité.

Chapitre 3
Techniques et livrables clés du Cycle ADM

Ce chapitre vous aidera à comprendre les techniques et livrables clés du cycle ADM. Le Tableau 6 détaille ce chapitre sous la forme d'une Feuille de route constituée de chacune des phases de l'ADM et indique les techniques et les livrables qui y sont principalement utilisés. Pour chaque point, les éléments essentiels sont présentés.

Tableau 6 : Feuille de route suivie par le Chapitre 3

Phase ADM	Référence(s)
Phase préliminaire	Section 3.1, Le Cadre d'Architecture Personnalisé Section 3.2, Le Modèle organisationnel pour l'architecture d'entreprise Section 3.3, Les Principes d'architecture Section 3.4, Les Principes du business, Buts Business et Moteurs business Section 3.5, Le Référentiel d'Architecture Section 3.6, Les Outils et d'architecture & Techniques Section 3.7, La Demande de Mise en Chantier d'Architecture
A. Vision d'Architecture	Section 3.8, La Définition du Chantier d'Architecture Section 3.9, La Vision d'architecture Section 3.10, La Gestion des acteurs concernés Section 3.11, Le Plan de Communication Section 3.12, L'Évaluation de l'État de Préparation à la Transformation du Business Section 3.13, L'Évaluation des Capacités Section 3.14, La Gestion du risque Section 3.15, Document de Définition d'Architecture Section 3.20, Les Points de Vue d'Architecture Section 3.21, Les Vues d'Architecture

Phase ADM	Référence(s)
B. Architecture du Business	Section 3.15, Le Document de Définition d'Architecture Section 3.16, La Spécification des Exigences d'Architecture Section 3.17, La Feuille de Route d'Architecture Section 3.18, Les Scénarios business Section 3.19, L'Analyse des Écarts Section 3.20, Les Points de Vue d'Architecture Section 3.21, Les Vues d'Architecture Section 3.22, Les Building Blocks de l'Architecture Section 3.23, Les Building Blocks de Solution
C. Architecture des Systèmes d'Information	Section 3.15, Le Document de Définition d'Architecture Section 3.16, La Spécification des Exigences d'Architecture Section 3.17, La Feuille de Route d'Architecture Section 3.19, L'Analyse des Écarts Section 3.20, Les Points de Vue d'Architecture Section 3.21, Les Vues d'Architecture Section 3.22, Les Building Blocks de l'Architecture Section 3.23, Les Building Blocks de Solution
D. Architecture Technologique	Section 3.15, Le Document de Définition d'Architecture Section 3.16, La Spécification des Exigences d'Architecture Section 3.17, La Feuille de Route d'Architecture Section 3.19, L'Analyse des Écarts Section 3.20, Les Points de Vue d'Architecture Section 3.21, Les Vues d'Architecture Section 3.22, Les Building Blocks de l'Architecture Section 3.23, Les Building Blocks de Solution
E. Opportunités et Solutions	Section 3.15, Le document de Définition d'Architecture Section 3.19, L'Analyse des Écarts Section 3.22, Les Building Blocks de l'Architecture Section 3.23, Les Building Blocks de Solution Section 3.24, La Planification en Fonction des Capacités Section 3.25, Les Techniques de Planification de la Migration Section 3.26, Le Plan de Mise en Œuvre et de Migration Section 3.27, L'Architecture de transition Section 3.28, Le Modèle de Gouvernance de la Mise en Œuvre

Phase ADM	Référence(s)
F. Planification de la Migration	Section 3.24, La Planification en Fonction des Capacités Section 3.25, Les Techniques de planification d'une migration Section 3.26, Le Plan de Mise en Œuvre et de Migration Section 3.27, L'Architecture de transition Section 3.28, Le Modèle de Gouvernance de la Mise en Œuvre
G. Gouvernance de la Mise en œuvre	Section 3.28, Le Modèle de Gouvernance de la Mise en Œuvre Section 3.29, Les Contrats d'Architecture Section 3.30, La Demande de Changement Section 3.31, L'Évaluation de conformité
H. Gestion du Changement d'Architecture	Section 3.28, Le Modèle de Gouvernance de la Mise en Œuvre Section 3.29, Les Contrats d'Architecture Section 3.31, L'Évaluation de conformité Section 3.32, L'Évaluation de l'impact sur les exigences
Gestion des Exigences	Section 3.16, Spécification des Exigences de l'Architecture Section 3.32, Evaluation d'Impact sur les Exigences

3.1 Le Cadre d'Architecture Personnalisé

La sélection et la personnalisation d'un cadre sont en pratique le point de départ d'un projet d'architecture. Partir du standard TOGAF plutôt que de créer un cadre en partant de rien offre plusieurs avantages :
- Cela évite la panique du début, lorsqu'apparaît l'ampleur de la tâche à réaliser.
- Son utilisation est systématique, car il est du "bon sens codifié",
- Il capture ce que d'autres ont fait fonctionner dans la vraie vie.
- Il dispose d'un ensemble de ressources pouvant être réutilisées.
- La Bibliothèque TOGAF définit deux architectures de référence qui peuvent être utilisées dans le Continuum d'Entreprise.

Cependant, avant de pouvoir utiliser le cadre TOGAF dans un projet d'architecture, il est indispensable de le personnaliser à plusieurs niveaux au cours de la Phase Préliminaire.

En premier lieu, il est nécessaire de personnaliser le modèle TOGAF afin de pouvoir l'intégrer au contexte de l'entreprise. Cette adaptation comprend l'intégration aux cadres de management des projets et des processus, l'adaptation de la terminologie au contexte, le développement de styles de présentation ; le choix, la configuration et le déploiement d'outils d'architecture, etc. Le formalisme et le détail de tous les cadres adoptés devront également s'aligner sur d'autres facteurs contextuels de l'entreprise, par exemple la culture de l'entreprise, les acteurs concernés, les modèles du marché permettant d'élaborer une architecture d'entreprise, et le niveau existant de la Capacité d'architecture.

Une fois que le cadre a été adapté à l'entreprise, un raffinage est nécessaire pour ajuster le cadre sur un projet d'architecture particulier. Cette adaptation fine permettra de sélectionner les livrables et les artefacts d'architecture appropriés qui répondent aux besoins du projet et des acteurs concernés.

Les contenus suivants sont représentatifs de ce que l'on peut trouver dans un Cadre d'Architecture Personnalisé (*Tailored Architecture Framework*) :
- Une Méthode d'architecture personnalisée,
- Un Contenu d'architecture personnalisé (livrables et artefacts),
- Des outils configurés et déployés,
- Des interfaces de collaboration avec des modèles de gouvernance et d'autres cadres de gestion :
  - La planification stratégique
  - L'architecture d'entreprise
  - La gestion des portefeuilles, programmes et projets
  - Le développement des applications, l'ingénierie
  - La gestion opérationnelle des services.

3.2 Le Modèle Organisationnel pour l'Architecture d'Entreprise

Un livrable important produit par la Phase Préliminaire est le Modèle organisationnel pour l'architecture d'entreprise.

Pour que l'utilisation d'un cadre d'architecture soit couronnée de succès, celui-ci doit être soutenu au sein de l'entreprise par l'organisation, les rôles et les responsabilités adéquats. Il est très important de bien délimiter les frontières entre les différents praticiens de l'architecture d'entreprise et les relations de gouvernance qui s'étendent au-delà de ces frontières.

Les contenus types d'un Modèle d'Organisation de l'Architecture d'Entreprise sont les suivants :
- Le périmètre des organisations concernées
- L'évaluation de la maturité, les écarts et la démarche permettant d'y remédier
- Les rôles et les responsabilités de la ou des équipe(s) d'architecture
- Les contraintes imposées aux activités d'architecture
- Les exigences budgétaires
- La gouvernance et la stratégie de support

3.3 Les Principes de l'Architecture

Cet ensemble de documents est un sortant de la Phase Préliminaire. Il s'agit d'un ensemble de règles et de recommandations globales concernant l'architecture en cours de développement. On se référera au standard TOGAF, Version 9.2, Partie III *(Architecture Principles)*, qui décrit ces recommandations et un ensemble détaillé de Principes génériques concernant l'architecture. Les contenus suggérés pour ce document sont les Principes du business, les Principes des données, les Principes applicatifs et les Principes techniques.

3.3.1 Développer les Principes de l'Architecture

C'est habituellement aux architectes d'entreprise qu'il revient de développer les Principes de l'Architecture, en association avec les acteurs concernés clés de l'entreprise. Ces Principes sont approuvés par le Comité d'Architecture.

Les points suivants influencent généralement le développement des Principes de l'Architecture :
- **Mission et plans de l'entreprise :** la mission, les plans et la structure organisationnelle de l'entreprise ;
- **Initiatives stratégiques de l'entreprise :** les caractéristiques de l'entreprise, par exemple ses forces, ses faiblesses, ses opportunités, les menaces auxquelles elle est exposée, et les initiatives engagées à l'échelle de l'entreprise (par exemple l'amélioration des processus et la gestion de la qualité) ;
- **Contraintes externes :** facteurs imposés par le marché (impératifs liés au temps de mise sur le marché, attentes de la clientèle, etc.) ; législations existantes et potentielles ;
- **Systèmes et technologies actuels :** l'ensemble des ressources informatiques déployées au sein de l'entreprise, parmi lesquelles la documentation des systèmes, les inventaires d'équipements, les diagrammes de configuration des réseaux, les règles et les procédures ;
- **Tendances de l'industrie informatique :** Prédictions concernant l'utilisation, la disponibilité et le coût des technologies de l'information et des télécommunications, obtenues auprès de sources crédibles et combinées aux bonnes pratiques en cours.

3.3.2 Définir les Principes de l'Architecture

Selon le type d'organisation, il est possible d'établir des Principes pour différents domaines et à différents niveaux. Deux domaines clés concernent le développement et l'utilisation de l'architecture d'entreprise :

Les Principes de l'entreprise constituent une base pour la prise de décision dans toute l'entreprise et imposent la façon dont l'organisation remplit sa mission. Ces Principes sont communément utilisés comme un moyen pour harmoniser les prises de décision. Il s'agit d'éléments clés pour la réussite d'une stratégie de gouvernance d'architecture. Parmi le large domaine des Principes d'entreprise, il est habituel d'avoir des Principes de subsidiarité appliqués dans une entité business ou organisationnelle, par exemple l'informatique, les ressources humaines, les opérations nationales ou les opérations internationales.

Les Principes de l'Architecture sont un ensemble de Principes liés au chantier d'architecture. Ils sont le reflet d'un consensus global au niveau de l'entreprise et sont représentatifs de l'esprit de l'architecture d'entreprise. Les Principes de l'Architecture gouvernent le processus d'architecture. Ils influent sur le développement, la maintenance et l'usage de l'architecture d'entreprise.

Le standard TOGAF inclut un modèle recommandé pour décrire des principes. En plus d'un énoncé de sa définition, on associe à chaque principe la description de ses justifications et des implications de son utilisation. Ceci favorise la compréhension et l'acceptation des Principes eux-mêmes et aide à la mise en œuvre des Principes lorsqu'on cherche à expliquer et à justifier la raison pour laquelle certaines décisions ont été prises.

Tableau 7 : Modèle de définition des Principes

Nom	Doit représenter la nature profonde de la règle mais doit aussi en faciliter la mémorisation. Aucune plate-forme technologique particulière ne doit être mentionnée dans le nom ou l'énoncé d'un principe. Éviter les mots ambigus dans le nom et dans l'énoncé comme par exemple : "support", "ouvert", "considerer", et faire tout pour éviter le mot "éviter" lui-même. Faire attention à "manage(ment)", et éviter les adjectifs et les adverbes inutiles (mots superflus).
Déclaration	Doit faire ressortir de façon succincte et sans ambiguïté la règle fondamentale. La plupart des énoncés des Principes destinés à la gestion de l'information se ressemblent d'une organisation à l'autre. Il est essentiel que l'énoncé des Principes ne présente aucune ambiguïté.

Justification	Doit mettre en évidence les avantages que peut tirer l'entreprise du respect du principe en question, en utilisant la terminologie du métier. Peut pointer les similarités entre les Principes gouvernant l'activité de l'entreprise et les Principes concernant l'information et la technique. Décrit également la relation établie avec d'autres Principes et la façon d'aboutir à une interprétation équilibrée. Décrit les situations dans lesquelles on confère à un principe une plus grande priorité ou un plus grand poids qu'à un autre lors d'une prise de décision.
Implications	Doit mettre en évidence les exigences, tant en ce qui concerne l'entreprise que le système d'information, pour l'application du principe (en termes de ressources, de coûts et d'activités/tâches). Il arrive souvent qu'on découvre que les systèmes, les standards ou les pratiques utilisés sont incompatibles avec le principe lors de son adoption. L'impact sur le business et les conséquences de l'adoption d'un principe doivent être clairement présentés. Le lecteur devra obtenir une réponse à la question : "Comment cela m'affecte-t-il ?". Il est important de ne pas simplifier à l'excès, et de ne pas banaliser ou surestimer l'importance de cet impact. Certaines des implications seront identifiées comme n'étant que de simples impacts potentiels, et peuvent être spéculatives plutôt que décrites de façon très détaillée.

3.3.3 Qualités des Principes

Cinq critères distinguent un bon ensemble de principes. Ils sont indiqués dans le Tableau 8.

Tableau 8 : Critères recommandés pour des Principes de qualité

Critères	Description
Intelligibilité	L'idée de base d'un principe doit pouvoir être saisie ou comprise rapidement par n'importe quelle personne de l'organisation. L'intention du principe est claire et non ambiguë, cela minimisant les risques de non-respect, volontaires ou non.

Critères	Description
Robustesse	Les Principes doivent permettre la prise de bonnes décisions quant aux architectures et aux planifications, et la création de règles et de standards faciles à appliquer. Chaque principe doit être suffisamment clair et précis pour permettre une prise de décision cohérente dans des situations complexes et potentiellement conflictuelles.
Complétude	Chaque principe potentiellement important et qui gouverne la gestion des informations et des technologies de l'organisation est défini. Les Principes couvrent chaque situation envisageable.
Cohérence	Le respect strict d'un principe peut nécessiter une interprétation plus souple d'un autre principe. L'ensemble des Principes doit être exprimé d'une manière qui permette un équilibre entre les diverses interprétations. Les Principes ne doivent pas être contradictoires au point où le respect d'un principe conduit à la violation de l'esprit d'un autre principe. Chaque terme d'un énoncé de principe doit être soigneusement choisi pour permettre une interprétation unique mais néanmoins souple.
Stabilité	Les Principes doivent être durables mais permettre néanmoins des modifications. Un processus d'amendement devra être établi pour ajouter, retirer ou modifier les Principes ratifiés.

3.3.4 Application des Principes d'architecture

Les Principes d'architecture sont utilisés pour appréhender les règles fondamentales concernant la façon dont l'entreprise va utiliser et déployer ses ressources et actifs informatiques. Les Principes sont utilisés de différentes façons :

1. Comme cadre au sein duquel l'entreprise peut commencer à prendre des décisions délibérées sur l'architecture ddentreprise et les projets qui mettent en œuvre l'architecture cible.
2. Comme guide permettant d'établir des critères d'évaluation pertinents et d'exercer ainsi une forte influence sur le choix des produits, de solutions ou d'architectures de solutions aux stades ultérieurs de la gestion de la conformité avec l'architecture de l'entreprise.

3. Comme moteurs permettant de définir les exigences fonctionnelles de l'architecture.
4. Comme entrant permettant d'évaluer à la fois l'existant déployé et le futur portefeuille stratégique, du point de vue de la conformité avec les architectures définies ; ces évaluations donneront un aperçu utile sur les activités de transition nécessaires à la mise en œuvre d'une architecture, afin d'atteindre les buts et les priorités de l'entreprise.
5. Les énoncés de justification mettent en avant la valeur de l'architecture pour l'entreprise et par conséquent, constituent une base permettant de justifier les activités d'architecture.
6. Les énoncés d'implications donnent un aperçu général des tâches et des ressources clés, ainsi que des coûts potentiels pour l'entreprise du respect du principe en question ; ils fournissent aussi certains entrants indispensables aux initiatives de transition et aux activités de planification à venir.
7. Les Principes sont utiles aux activités de gouvernance de l'architecture car :
   – Ils jouent le rôle de "garde-fou" pour les évaluations normalisées de la conformité de l'architecture qui pourraient nécessiter une certaine interprétation.
   – Ils viennent soutenir une décision visant à lancer une demande de dérogation dans les cas où les implications d'un amendement particulier de l'architecture ne peuvent pas être résolues par une procédure locale.

Les Principes sont interdépendants et doivent être appliqués en bloc. Ils peuvent parfois se concurrencer les uns les autres comme par exemple les Principes "d'accessibilité" et de "sécurité". Chaque principe doit être envisagé "toutes choses égales par ailleurs". Il sera parfois nécessaire de prendre des décisions quant à la précédence d'un principe vis-à-vis d'une question particulière. Les justifications de ces décisions devront toujours être documentées. Le fait qu'un principe semble aller de soi ne signifie pas que ce principe sera effectivement respecté dans une organisation, même lorsqu'il est accepté verbalement. Bien qu'aucune pénalité particulière ne soit prévue dans l'énoncé des principes, le non-respect des Principes pose souvent des problèmes opérationnels et empêche l'organisation de remplir sa mission.

3.4 Les Principes business, Buts business et Moteurs business

L'énoncé des principes, des Buts et des Moteurs business a normalement déjà été rédigé par l'entreprise avant le lancement de l'activité d'architecture. Ces Principes sont redéfinis à la sortie de la Phase Préliminaire et ré-analysés en tant que partie de la Phase A : Vision de l'Architecture. L'activité de la Phase A consiste à garantir que les définitions sont correctes et claires. Dans le standard TOGAF, Partie III, 20 *Architecture Principles*, on décrit un exemple d'ensemble de neuf Principes du business qui sont utilisables comme point de départ.

Il n'y a pas de contenu type défini pour ce livrable puisque son contenu et sa structure vont nécessairement varier considérablement d'une organisation à l'autre.

3.5 Le Référentiel d'Architecture

Le Référentiel d'Architecture (*Architecture Repository*) joue le rôle d'espace de rangement pour tous les projets de l'entreprise qui sont liés à l'architecture. Le référentiel permet aux projets de gérer leurs livrables, de localiser les actifs réutilisables et de publier des sortants destinés aux acteurs concernés et à d'autres parties intéressées. On se référera à la Section 6.3 qui fournit une description du contenu d'un Référentiel d'Architecture. Les contenus suivants sont représentatifs de ce que l'on peut trouver dans un Référentiel d'Architecture :

- Cadre (métamodèle) d'architecture ;
- Base d'informations sur les standards ;
- Paysage d'architecture ;
- Bibliothèque de référence ;
- Journal de la gouvernance ;
- Capacité d'architecture ;

- Exigences d'Architecture ;
- Paysage des Solutions

3.6 Les Outils d'Architecture & Techniques

Au cours de la Phase Préliminaire l'architecte doit développer une stratégie et un plan d'implémentation des Outils d'Architecture et Techniques (*Architecture Tools and Techniques*) pour faciliter l'activité d'architecture. Le standard TOGAF ne nécessite ou ne recommande pas d'outils particuliers ; il recommande plutôt une stratégie qui reflète la compréhension et le niveau de formalisme exigés par les acteurs concernés. Le standard TOGAF expose brièvement les questions de la standardisation des outils d'architecture dans Le standard TOGAF, Partie V, Chapitre 38.

3.7 La Demande de Mise en Chantier d'Architecture

La Demande de Mise en Chantier d'Architecture est un document envoyé par les sponsors à l'organisation responsable de l'architecture pour lancer un cycle de développement d'architecture. Il est produit avec l'assistance de l'organisation responsable de l'architecture en tant que sortant de la Phase Préliminaire. Des Demandes de mise en chantier d'architecture seront également créées, en réponse à des Demandes de changement d'architecture approuvées ou en tant qu'éléments de référence pour des travaux d'architecture résultant d'une planification de migration.

En général, toutes les informations contenues dans ce document devront être présentées à un niveau suffisamment élevé. Les contenus suivants sont suggérés pour ce document :
- Sponsors de l'organisation ;
- Énoncé de la mission de l'organisation ;
- Buts Business (et changements associés) ;
- Plans stratégiques des métiers ;
- Contraintes de temps ;
- Changement d'environnement du métier ;

- Contraintes organisationnelles ;
- Informations budgétaires, contraintes financières ;
- Contraintes externes, contraintes du business ;
- Description du modèle opérationnel métier existant ;
- Description de l'Architecture et du système d'information courants ;
- Description de l'organisation en cours de développement ;
- Description des ressources disponibles pour développer l'organisation.

3.8 La Définition du Chantier d'Architecture

La Définition du Chantier d'Architecture est un livrable de la Phase A. Elle est en fait un contrat entre l'organisation responsable de l'architecture et le sponsor du projet d'architecture. Ce document constitue une réponse à la Demande de Mise en Chantier d'Architecture fournie en tant que document d'entrée (Section 3.6). Il doit normalement décrire un plan global destiné à répondre à la Demande de Mise en Chantier et fournir une proposition décrivant comment les problèmes ayant été identifiés seront résolus par le processus architectural. Les contenus suivants sont suggérés pour ce document :

- Titre ;
- Demande et contexte du projet d'architecture ;
- Description et périmètre du projet d'architecture ;
- Descriptif général de la Vision de l'Architecture ;
- Modifications particulières des procédures de définition du périmètre ;
- Rôles, responsabilités et livrables ;
- Critères et procédures d'appropriation ;
- Plan et séquencement du projet d'architecture ;
- Approbations.

3.9 La Vision de l'Architecture

La Vision de l'Architecture (*Architecture Vision*) est créée lors de la Phase A. Elle fournit une vue de haut niveau sur les changements de l'entreprise à l'issue du déploiement de l'architecture cible. Le but de cette vision est de s'accorder dès le départ sur le résultat souhaité de l'architecture afin que les architectes puissent ensuite se concentrer sur les détails nécessaires pour valider la faisabilité. La mise à disposition d'une Vision de l'Architecture favorise également la communication avec les acteurs concernés en leur fournissant une synthèse de la Définition d'Architecture complète.

Les Scénarios Business constituent une technique appropriée et importante qui peut être utilisée au cours du processus d'élaboration d'un document décrivant la Vision de l'Architecture.

Les contenus suivants sont suggérés :
- La description du problème :
  - Acteurs concernés avec leurs préoccupations ;
  - Liste des questions ou scénarios devant être traités.
- Les objectifs de la Définition du Chantier d'Architecture ;
- Les vues de synthèse nécessaires à la Définition du Chantier d'Architecture et les versions 0.1 de l'Architecture du Business, de l'Architecture Applicative, de l'Architecture des Données et de l'Architecture Technologique ;
- Les Exigences mises en relation avec les Architectures ;
- La référence vers à la version provisoire du Document de Définition de l'Architecture.

3.10 La Gestion des Acteurs Concernés

La Gestion des acteurs concernés est une discipline importante qui est exploitée avec succès par les architectes souhaitant bénéficier du soutien d'autres acteurs. Elle permet de garantir le succès de leurs projets là où d'autres échoueraient. Cette technique est à utiliser pendant la Phase A afin d'identifier les principaux intervenants et aussi de les tenir au courant tout au long de chaque phase. Le sortant de ce processus sert de point de départ au Plan de Communication (Section 3.11).

Les bénéfices d'une bonne gestion des acteurs concernés sont les suivants.

- Les acteurs les plus importants peuvent être identifiés très tôt et les informations qu'ils fournissent peuvent alors être utilisées pour façonner l'architecture. Cela garantit leur soutien et améliore la qualité des modèles produits.
- Le soutien fourni par les acteurs les plus importants favorisera l'obtention d'un plus grand nombre de ressources. Cela augmente les chances de succès de cet engagement architectural.
- En communiquant dès le début et fréquemment avec les acteurs concernés, l'équipe responsable de l'architecture s'assurera de leur bonne compréhension du processus architectural et des bénéfices qu'ils peuvent tirer de l'architecture d'entreprise. Par conséquent, ces acteurs pourront apporter un soutien plus actif à l'équipe responsable de l'architecture lorsque cela sera nécessaire.
- L'équipe du projet d'architecture pourra déterminer plus efficacement les réactions prévisibles face aux modèles et aux rapports d'architecture. Elle pourra planifier les actions nécessaires pour tirer profit de toutes les réactions positives et pour réduire les effets des réactions négatives.
- L'équipe du projet d'architecture pourra identifier suffisamment tôt les objectifs en concurrence ou en conflit des acteurs concernés et mettre au point une stratégie de résolution des problèmes qui en découlent.

3.10.1 Étapes du processus de Gestion des acteurs concernés

Étape 1 : Identifier les acteurs concernés

La première tâche consiste à déterminer quels sont les principaux acteurs concernés par l'architecture d'entreprise.

La Figure 3 montre un exemple d'analyse des acteurs concernés : elle distingue 22 types d'acteurs, classés en 5 catégories.

Étape 2 : Classer les positions des acteurs concernés

Développer une bonne compréhension des acteurs les plus importants et consigner cette analyse (comme illustré dans l'exemple du Tableau 9) pour pouvoir s'y référer et la mettre à jour pendant le projet.

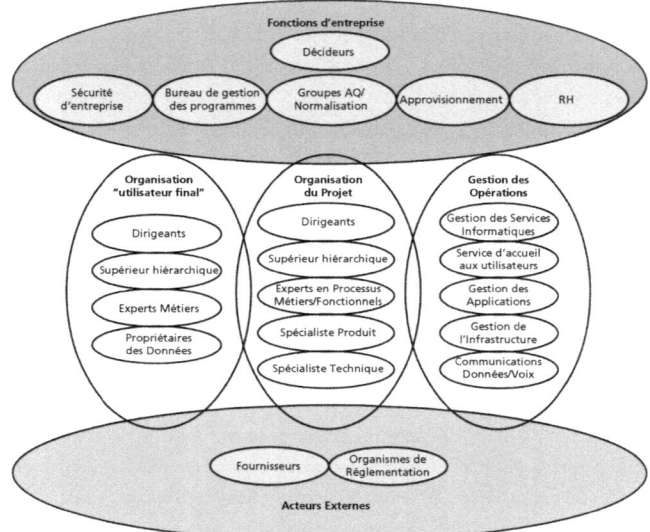

Figure 3 : Catégories d'acteurs concernés

Tableau 9 : Exemple d'analyse des acteurs concernés

Groupe d'acteurs concernés	Acteurs concernés	Susceptible de s'opposer au changement	Compréhension actuelle	Compréhension requise	Engagement actuel	Engagement requis	Soutien requis
Directeur DSI	Jean Dupont	E*	M	E	F*	M	E
Directeur Financier	Pierre Brun	M*	M	M	F	M	M

* E=Élevé, M=Moyen, F=Faible

Étape 3 : Déterminer la démarche de gestion des acteurs concernés

Cette étape permet à l'équipe de prévoir quels acteurs pourraient être bloquants ou détracteurs et quels acteurs pourraient apporter leur soutien et défendre l'initiative en cours.

Essayer d'apprécier le pouvoir de chaque acteur concerné, son influence et l'intérêt qu'il manifeste, de façon à se concentrer sur l'engagement véritable des individus clés pour l'architecture d'entreprise. On pourra répartir ces personnes sur une grille pouvoir/intérêt qui permet également d'adopter la meilleure stratégie pour communiquer avec elles.

La Figure 4 représente un exemple de la grille des pouvoirs.

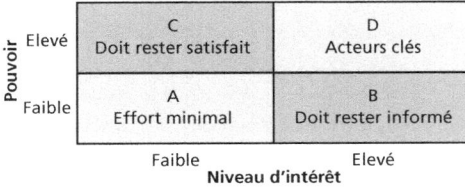

Figure 4 : Grille des pouvoirs

Étape 4 : Personnaliser les livrables contractuels
Identifier les catalogues, les matrices et les diagrammes que la mission d'architecture doit produire et valider avec chaque groupe d'acteurs concernés pour livrer un modèle d'architecture efficace.

Il est important de faire particulièrement attention à l'intérêt manifesté par les acteurs concernés en définissant des catalogues, des matrices et des diagrammes spécifiques qui seront pertinents pour le modèle particulier d'architecture d'entreprise. Cela permet de bien communiquer et faire comprendre l'architecture à tous les acteurs concernés et leur permet de s'assurer que l'initiative d'architecture d'entreprise répondra bien à leurs préoccupations.

3.11 Le Plan de Communication

Les architectures d'entreprise renferment de grands volumes d'informations complexes et interdépendantes. La transmission efficace d'informations ciblées aux bons acteurs et au bon moment est un facteur clé de réussite pour le travail d'architecture d'entreprise. Le développement d'un Plan de Communication pour l'architecture lors de la Phase A permet de mener à bien cette communication par un processus convenablement planifié et bien géré.

Un Plan de Communication contient typiquement :
- Une identification des acteurs concernés et leur regroupement en fonction des exigences de communication ;
- Une identification des besoins de communication, des messages clés en relation avec la Vision de l'Architecture, des risques de communication et des facteurs clés de réussite (*CSF – Critical Success Factors*) ;
- Une identification des dispositifs qui seront utilisés pour communiquer avec les acteurs concernés et leur permettre d'accéder aux informations d'architecture. Par exemple : réunions, lettres d'information, référentiels, etc.
- Une identification d'un calendrier des communications montrant quelles communications seront effectuées avec quels groupes d'acteurs, à quelle date et à quel endroit.

3.12 L'Évaluation de l'État de Préparation à la Transformation du Business

La technique nommée Évaluation de l'État de Préparation à la Transformation du Business (*Business Transformation Readiness Assessment*) est mise en œuvre lors de la Phase A. Elle est utilisée pour évaluer et quantifier l'état de préparation d'une organisation à un changement. La bonne compréhension de l'état de préparation de l'organisation à accepter un changement, l'identification des problématiques et leur prise en considération, sont des éléments essentiels pour la réussite d'une transformation d'architecture. Il est préférable que cette évaluation soit le fruit d'un effort conjoint entre les personnels des services centraux de l'entreprise, les personnels des domaines métiers et les responsables de la planification informatique.

Les activités recommandées consistent à :
- Déterminer les facteurs de préparation qui auront un impact sur l'organisation ;
- Présenter les facteurs de préparation à l'aide de modèles de maturité ;
- Évaluer les risques pour chaque facteur de préparation et identifier les actions d'amélioration permettant d'atténuer ces risques.
- Documenter toutes les observations dans le document d'Évaluation des Capacités (Section 3.13), puis intégrer les actions à effectuer dans le Plan de Mise en Œuvre et de Migration.

3.13 L'Évaluation des Capacités

Avant de procéder à une Définition d'Architecture détaillée, il est utile de bien comprendre les niveaux initiaux et ciblés des capacités de l'entreprise. Cette Évaluation des Capacités (*Capacity Assessment*) est démarrée lors de la Phase A puis est mise à jour au cours de la Phase E. Elle peut être examinée à plusieurs niveaux.

Quel est le niveau de capacité de l'entreprise dans son ensemble ? Sur quels points l'entreprise souhaite-t-elle augmenter ou optimiser ses capacités ?

Quels sont les domaines sur lesquels l'architecture devra se concentrer pour aller dans le sens du développement souhaité par l'entreprise ?

Quel est le niveau de capacité ou de maturité de la fonction informatique au sein de l'entreprise ? Quelles sont les implications probables liées à la conduite du projet d'architecture en termes de gouvernance de la conception, de gouvernance opérationnelle, de compétences, et de structures organisationnelles ? Quel est le style, quel est le niveau de formalisme et quel est le degré de détail du projet d'architecture qui correspondront à la culture et aux capacités de l'organisation informatique ?

Quelles sont la capacité et la maturité de la fonction d'architecture au sein de l'entreprise ? Quels sont les actifs architecturaux disponibles ? Sont-ils maintenus et exacts ? Quels standards et quels modèles de référence doivent être pris en compte ? Sera-t-il possible de créer des actifs architecturaux réutilisables au cours du projet ?

Lorsqu'il existe des écarts de capacité, dans quelle mesure l'entreprise est-elle prête à se transformer pour atteindre la capacité cible ? Quels sont les risques liés à la transformation, quelles sont les barrières culturelles et autres considérations devant être prises en compte par-delà l'écart de capacité de base ?

Les contenus suivants sont représentatifs de ce que l'on peut trouver dans un livrable de l'Évaluation des Capacités.
- Évaluation des Capacités du Business, comprenant :
  - Les capacités du business,
  - L'évaluation du niveau de performances initial pour chaque capacité,
  - Le niveau de performances futur souhaité pour chaque capacité,
  - L'évaluation de l'état initial de la mise en œuvre de chaque capacité,
  - L'état futur souhaité de la mise en œuvre de chaque capacité.
  - L'évaluation des impacts probables du déploiement de l'architecture cible sur l'organisation du business.
- Évaluation des Capacités informatiques, comprenant :
  - Le niveau de maturité initial et le niveau cible du processus de changement,
  - Le niveau de maturité initial et le niveau cible des processus opérationnels,
  - Capacités initiales et leurs évaluations,
  - L'évaluation des impacts probables du déploiement de l'architecture cible sur l'organisation informatique.
- Évaluation de la maturité de l'architecture, comprenant :
  - Les processus de gouvernance d'architecture, l'organisation, les rôles et les responsabilités,
  - L'évaluation des compétences en architecture,

- L'étendue, la profondeur et la qualité de la définition du paysage de l'architecture dans le Référentiel d'Architecture,
- L'étendue, la profondeur et la qualité de la définition des standards dans le Référentiel d'Architecture,
- L'étendue, la profondeur et la qualité de la définition des modèles de référence dans le Référentiel d'Architecture,
- L'évaluation du potentiel de ré-utilisation.
- Évaluation de l'État de Préparation à la Transformation du Business, comprenant :
  - Les facteurs de préparation,
  - Une vision pour chaque facteur de préparation,
  - Des classements des états de préparation initiaux et cibles,
  - Les risques liés à l'état de préparation.

3.14 La Gestion du Risque

L'identification des risques liés à la transformation du business et des activités visant à les atténuer est déterminée en premier lieu lors de la Phase A. La Gestion du Risque (Le standard TOGAF, Partie III, Chapitre 27, Risk Management) est une technique permettant d'atténuer les risques lors de la mise en œuvre d'un projet d'architecture. Elle comprend un processus de gestion des risques mettant en œuvre les activités suivantes :

- Classification des risques ;
- Identification des risques ;
- Évaluation initiale des risques ;
- Atténuation des risques et évaluations des risques résiduels ;
- Suivi du risque.

Il est recommandé d'inclure les activités d'atténuation des risques dans la Définition du Chantier d'Architecture.

3.15 Le Document de Définition de l'Architecture

Le Document de Définition de l'Architecture (*Architecture Definition Document*) est le livrable qui contient les artefacts d'architecture essentiels créés au cours d'un projet d'architecture et les informations importantes associées. Le Document de Définition de l'Architecture couvre tous les domaines de l'architecture (Business, Données, Applicative et Technologique) et analyse également tous les états importants de l'architecture (initial, transition et cible).

- Le Document de Définition de l'Architecture est créé lors de la Phase A, au cours de laquelle il est peuplé des artefacts produits pour la Vision de l'Architecture.
- Lors de la Phase B, il est mis à jour avec des informations liées à l'Architecture du Business.
- Lors de la Phase C, il est mis à jour avec des Informations concernant l'Architecture des Systèmes d'Information.
- Lors de la Phase D, il est mis à jour avec les informations concernant l'Architecture Technologique.
- Quand le périmètre des changements d'architecture pour mettre en œuvre l'architecture cible demande une approche incrémentale, il est mis à jour pour inclure une ou plusieurs Architectures de Transition lors de la Phase E (Section 3.27).

Le Document de Définition de l'Architecture accompagne les Spécifications des exigences d'architecture (Section 3.16) avec des objectifs complémentaires :

- Le Document de Définition de l'Architecture fournit une vue qualitative de la solution et vise à faire comprendre l'intention des architectes.
- La Spécification des Exigences d'Architecture donne une vue quantitative de la solution, indiquant des critères mesurables à atteindre pendant la mise en œuvre de l'architecture.

Le Document de Définition de l'Architecture contient généralement les éléments suivants :
- Le périmètre ;
- Les buts, objectifs et contraintes ;

- Les Principes de l'Architecture ;
- L'Architecture initiale ;
- Les modèles d'architecture (pour chaque état de transition à modéliser) :
  - Les modèles d'Architecture du Business,
  - Les modèles d'Architecture des Données,
  - Les modèles d'Architecture Applicative,
  - Les modèles d'Architectures Techniques,
- La logique et la justification de la démarche architecturale choisie ;
- Alignement avec le Référentiel d'Architecture :
  - Alignement avec le Paysage de l'architecture,
  - Alignement avec des Modèles de référence,
  - Alignement avec les standards,
  - Évaluation des possibilités de réutilisation,
- Analyse des Écarts ;
- Évaluation d'impact ;
- Architecture de Transition (Section 3.27).

Les sections suivantes présentent de façon plus détaillée chacune de ces architectures.

3.15.1 L'Architecture du Business

L'Architecture du Business (*Business Architecture*) est développée lors de la Phase B. Les sujets devant être abordés dans le Document de Définition de l'Architecture en relation avec l'Architecture du Business sont les suivants :
- L'Architecture initiale du Business, si nécessaire (consistant en une description de l'Architecture du Business existante) ;
- L'Architecture cible du Business, comprenant :
  - La structure de l'organisation (identification des différents sites de l'entreprise et de leurs relations avec les différentes entités de l'organisation),
  - Les buts et les objectifs du business (pour l'entreprise et chaque entité organisationnelle),

- Les fonctions du business (étape détaillée récursive faisant intervenir une décomposition progressive des principaux secteurs fonctionnels en sous-fonctions),
- Les services métiers (les services rendus par l'entreprise et par chaque entité de l'entreprise à ses clients, tant en interne qu'en externe),
- Les processus métiers, en incluant les indicateurs et les livrables,
- Les rôles métiers, en incluant le développement et la modification des compétences exigées,
- Le modèle de données métier,
- La corrélation entre organisation et fonctions (établir un lien entre les fonctions métiers et les entités organisationnelles sous la forme d'un rapport matriciel),
- Les vues correspondant aux points de vue sélectionnés qui répondent aux préoccupations des acteurs clés.

3.15.2 Les Architectures des Systèmes d'Information

Les Architectures des systèmes d'information (*Information Systems Architectures*) sont développées lors de la Phase C. Les sujets devant être abordés dans le Document de Définition de l'Architecture en rapport avec les architectures des systèmes d'information sont les suivants :
- L'Architecture initiale des Données, si nécessaire ;
- L'Architecture cible des Données, qui comprend :
  - Le modèle de données métier,
  - Le modèle logique de données,
  - Les modèles de processus de gestion des données,
  - La matrice entités de données/fonctions métiers,
- Des Vues d'Architectures des Données correspondant aux points de vue sélectionnés répondant aux préoccupations des acteurs clés ;
- L'Architecture Applicative initiale, si nécessaire ;
- L'Architecture Applicative cible
- Des Vues d'Architecture Applicative correspondant aux points de vue sélectionnés pour répondre aux préoccupations des acteurs clés.

3.15.3 L'Architecture Technologique

L'Architecture Technologique (*Technology Architecture*) est développée en tant que partie de la Phase D. Les sujets ayant un rapport avec l'Architecture Technologique et abordés dans le Document de Définition de l'Architecture sont les suivants :
- L'Architecture Technologique initiale, si nécessaire ;
- L'Architecture Technologique cible, qui comprend :
  - Les composants technologiques et leurs relations avec les systèmes d'information,
  - Les plates-formes technologiques et leur décomposition faisant apparaître les combinaisons de technologies exigées pour réaliser une pile technologique particulière,
  - Des environnements et des sites – regroupement des technologies exigées en des environnements informatiques (par exemple pour le développement et la production),
  - La charge de traitement et la répartition de cette charge prévue entre les divers composants techniques,
  - Les communications physiques (réseau),
  - Les spécifications des matériels et des réseaux.
- Des vues correspondant aux points de vue sélectionnés et répondant aux préoccupations des acteurs clés.

3.16 La Spécification des Exigences d'Architecture

La Spécification des Exigences d'Architecture (*Architecture Requirements Specification*) fournit un ensemble d'énoncés quantitatifs qui définissent les grandes lignes de ce que doit faire un projet de mise en œuvre pour se conformer à l'architecture. Une Spécification des Exigences d'Architecture sera typiquement un élément majeur du contrat de mise en œuvre ou d'un contrat de Définition d'Architecture plus détaillé.

Comme mentionné précédemment, une Spécification des Exigences d'Architecture accompagne le Document de Définition de l'Architecture avec pour objectif complémentaire de fournir la vue quantitative.

La Spécification des Exigences d'Architecture contiendra typiquement les éléments suivants :
- Des indicateurs de succès ;
- Des exigences d'Architecture ;
- Des contrats de services métiers ;
- Des contrats de services applicatifs ;
- Des recommandations de mise en œuvre ;
- Des spécifications de mise en œuvre ;
- Des standards de mise en œuvre ;
- Des exigences d'interopérabilité ;
- Des exigences de gestion des services informatiques ;
- Des contraintes ;
- Des hypothèses.

3.16.1 Les Exigences d'Architecture Business
Les exigences d'Architecture du Business contenues dans la Spécification des Exigences d'Architecture sont les suivantes :
- Les résultats de l'Analyse des Écarts ;
- Les exigences techniques ;
  Un ensemble initial d'exigences techniques devra être créé en sortie de la Phase B (Architecture du Business). Il s'agit des moteurs qui vont tirer le chantier d'Architecture Technologique et qui devront identifier, catégoriser et hiérarchiser les implications sur les réalisations effectuées dans les autres domaines de l'architecture ; par exemple au moyen d'une matrice de dépendance/priorité (compromis de mise en œuvre entre la vitesse du traitement des transactions et la sécurité); établir la liste des modèles spécifiques que l'on prévoit de produire (qui sont par exemple exprimés sous la forme de primitives du cadre Zachman) ;
- La mise à jour des Exigences Business ;
  La technique des Scénarios Business peut être utilisée pour faire apparaître et documenter les exigences métiers.

3.16.2 Les Exigences des Architectures des Systèmes d'Information

Les exigences des Architectures des Systèmes d'Information contenues dans la Spécification des exigences de l'architecture lors de la Phase C comprennent :
- Les résultats de l'Analyse des Écarts ;
- Les exigences d'interopérabilité pour les données ;
- Les exigences d'interopérabilité pour les applications ;
- Les parties dans lesquels il pourrait s'avérer nécessaire de modifier l'Architecture du Business afin qu'elle respecte les modifications apportées à l'architecture des Données et/ou Applicative ;
- Les contraintes imposées à l'Architecture Technologique devant entrer en phase de conception ;
- Les exigences métiers, éventuellement mises à jour ;
- Les exigences des applications, éventuellement mises à jour ;
- Les exigences des données, éventuellement mises à jour.

3.16.3 Les Exigences d'Architecture Technologique

Les exigences d'Architecture Technologique contenues dans la Spécification des Exigences d'Architecture lors de la Phase D comprennent :
- Les résultats de l'Analyse des Écarts ;
- Les exigences techniques mises à jour.

3.16.4 Les Exigences d'Interopérabilité

La détermination de l'interopérabilité se fait tout au long du cycle de l'ADM. Un ensemble de recommandations est proposé dans le standard TOGAF, Version 9.2, Partie III, Chapitre 25, pour définir et établir les exigences d'interopérabilité.

3.17 La Feuille de Route d'Architecture

La Feuille de Route d'Architecture (*Architecture Roadmap*) liste les lots de travail qui réaliseront l'architecture cible. Elle les organise de façon chronologique afin de mettre en évidence le passage de l'Architecture initiale (*Baseline Architecture*) à l'Architecture cible (*Target Architecture*). La Feuille de Route d'Architecture met en évidence la valeur métier de chaque lot de travail. Les Architectures de Transition nécessaires pour réaliser concrètement l'Architecture cible sont identifiées comme des étapes intermédiaires. La Feuille de Route d'Architecture est développée de manière incrémentale lors des phases E et F à partir des composants de Feuille de route développés lors des Phases B, C, D.

La Feuille de Route d'Architecture comprend généralement les éléments suivants :
- Le portefeuille de lots de travail :
  - Description du lot de travail (nom, description, objectifs, livrables),
  - Exigences fonctionnelles,
  - Dépendances,
  - Relations des lots de travail avec les opportunités,
  - Relations au Document de Définition de l'Architecture et à la Spécification des Exigences d'Architecture,
  - Valeur métier.
- Une Matrice d'évaluation et de déduction des facteurs de mise en œuvre (Section 3.25.1), comprenant :
  - Les risques,
  - Les problèmes,
  - Les hypothèses,
  - Les dépendances,
  - Les actions,
  - Les impacts,
- Une Matrice des écarts consolidés, des solutions et des dépendances (Section 3.25.2), comprenant :
  - Les domaines d'architecture,
  - Les écarts,
  - Les solutions potentielles,
  - Les dépendances,
- Les Architectures de transition, s'il y en a ;
- Des recommandations de mise en œuvre :

- Critères/mesures de l'efficacité des projets,
- Risques et problèmes,
- Building Blocks de Solution (*SBB – Solution Building Blocks*).

3.18 Les Scénarios Business

Le standard TOGAF recommande l'utilisation de la technique des Scénarios Business[6] permettant d'identifier et de formuler les exigences business.

Un Scénario Business est une description d'un problème business qui met en relation les exigences les unes avec les autres dans le contexte du problème dans sa globalité. Sans cette description qui sert de contexte, la valeur métier de la solution proposée pour résoudre le problème n'apparaît pas clairement, la pertinence des solutions potentielles n'est pas claire et il y a un risque que la solution proposée se fonde sur un ensemble d'exigences inadaptées.

Les clés du succès d'un grand projet sont son alignement avec les exigences business et le fait qu'il aide clairement l'entreprise à atteindre ses objectifs business. Les scénarios business sont des techniques importantes permettant d'identifier et de comprendre les besoins du business.

Cette technique peut être utilisée de façon itérative, à différents niveaux de détail dans la décomposition de l'Architecture du Business. Le processus générique d'un Scénario Business se décompose de la façon suivante :
- Identifier, documenter et classer le problème qui tire le projet ;
- Documenter, sous forme de modèles d'architecture de haut-niveau, les environnements business et techniques dans lesquels le problème se pose ;

---

6 Voir TOGAF® Series Guide : Business Scenarios, September 2017 (G176), publié par The Open Group ; voir www.opengroup.org/library/g176.

- Identifier et documenter les objectifs à atteindre ; les résultats obtenus lorsque les problèmes sont pris en compte avec success ;
- Identifier les acteurs humains et leur place dans le modèle d'entreprise, parmi les participants humains et leurs rôles ;
- Identifier les acteurs de l'informatique et leur place dans le modèle technique, vis-à-vis des éléments informatiques, et leurs rôles ;
- Identifier et documenter les rôles, les responsabilités et les mesures de réussite pour chaque acteur, les rôles qui seront joués par chaque acteur ainsi que les résultats attendus lors d'une prise en compte du problème réussie ;
- Vérifier si le chantier d'architecture qui va en découler est en bonne adéquation et ne l'affiner que si nécessaire.

3.19 L'Analyse des Écarts

La technique connue sous le nom d'Analyse des Écarts (*Gap Analysis*) est très souvent utilisée dans l'ADM pour valider une architecture en cours de développement. Il s'agit généralement de la dernière étape d'une phase. L'idée de base est de faire ressortir l'écart (le "gap") éventuel entre l'architecture initiale et l'architecture cible, c'est-à-dire les éléments ayant été délibérément omis, accidentellement laissés de côté ou non encore définis.

Les étapes sont les suivantes :
- Concevoir une matrice comportant tous les *Building Blocks de l'Architecture* (*ABB – Architecture Building Blocks*) de l'architecture initiale sur l'axe vertical et tous les ABB de l'architecture cible sur l'axe horizontal ;
- Ajouter sur l'axe vertical de l'architecture initiale une dernière ligne désignée "Nouveaux ABB" et sur l'axe horizontal de l'architecture cible une dernière colonne désignée "ABB éliminés" ;
- Là où un ABB est disponible à la fois dans les architectures initiale et cible, le signaler en ajoutant "Inclus" dans la cellule située à l'intersection ;

- Là où un ABB de l'architecture initiale est absent de l'architecture cible, chacun des ABB doit être réexaminé.
  Si l'élimination n'est pas une erreur, le signaler dans la cellule correspondante en indiquant "Éliminé". Si cela n'est pas le cas, vous avez mis en évidence une omission accidentelle dans votre architecture cible. Il faut donc y remédier en redéfinissant l'ABB lors de l'itération suivante du développement de l'architecture et le noter comme tel dans la cellule "Éliminé" appropriée ;
- Lorsqu'un ABB appartenant à l'architecture cible n'apparaît pas dans l'architecture initiale, le signaler à l'intersection avec la ligne "Nouveau" comme un écart devant être comblé soit en développant, soit en obtenant à l'extérieur ce *Building Block.*

Lorsque l'exercice est terminé, tout ce qui apparaît sous "Services éliminés" ou "Nouveau service" constitue un écart. Il faudra soit expliquer qu'il a bien été éliminé, soit signaler qu'il nécessite un travail de redéfinition ou de développement/obtention de la fonction manquante.

Le Tableau 10 illustre des exemples d'écarts entre l'architecture initiale et l'architecture cible ; dans ce cas, les éléments manquants sont les "services de diffusion" et les "services d'écran partagé".

La technique d'Analyse des Écarts doit être utilisée lors des phases B, C, D et E de l'ADM.

3.20 Les Points de Vue d'Architecture

L'architecte utilise lors des Phases A et D du cycle ADM des vues et des points de Vue d'Architecture. Ils permettent de développer des architectures pour chaque domaine (Business Données, Applicative, Technologique). Une Vue d'Architecture est ce que l'on voit. Un Point de Vue d'Architecture est l'endroit d'où l'on observe, c'est-à-dire le point d'observation ou la perspective qui détermine ce que l'on voit (un Point de Vue d'Architecture peut être considéré comme étant un schéma). Les points de Vue d'Architecture sont génériques et peuvent être stockés

Tableau 10 : Exemple d'Analyse des Écarts

Architecture cible → **Architecture initiale ↓**	Services de visio-conférence	Services de téléphonie évolués	Services de liste de diffusion	**Services éliminés ↓**
Services de diffusion				Éliminé intentionnellement
Services de visio-conférence	Inclus			
Services de téléphonie évolués		Concordance potentielle		
Services de partage d'écran				Involontairement exclu – écart par rapport à l'architecture cible
Nouveau →		Écart : Services évolués à développer ou à produire	Écart : Services évolués à développer ou à produire	

dans des bibliothèques de manière à pouvoir être réutilisés. Une Vue d'Architecture est toujours propre à l'architecture pour laquelle elle a été créée. À chaque Vue d'Architecture est associé, au moins implicitement, un Point de Vue d'Architecture qui la décrit.

La norme ISO/IEC/IEEE 42010:2011 encourage les architectes à définir les points de Vue d'Architecture de façon explicite. Cette distinction entre contenu et schéma d'une Vue d'Architecture pourrait paraître comme un supplément de travail superflu, mais cela fournit un mécanisme pour réutiliser des points de Vue d'Architecture dans plusieurs architectures différentes.

Pour mieux illustrer les concepts de vues et de points de Vue d'Architecture, on considérera l'Exemple 1 ci-après. Il s'agit d'un système d'aéroport très simple comportant deux acteurs principaux différents : le pilote et le contrôleur aérien. Dans cet exemple, les termes vues et points de vue sont des synonymes de Vue d'Architecture et Point de Vue d'Architecture.

Exemple 1 : Vues et Points de Vue d'Architecture pour un système d'aéroport simple

> ### Vues et points de Vue d'Architecture
> ### dans un système d'aéroport simple
> Le pilote possède une vue du système et le contrôleur aérien, une autre. Aucune de ces vues ne représente l'ensemble du système car la perspective de chaque acteur principal impose (et réduit) la façon dont chacun d'eux voit l'ensemble du système.
> La vue du pilote contient certains éléments qui ne sont pas vus par le contrôleur, par exemple les passagers et le carburant, tandis que la vue du contrôleur comprend d'autres éléments que ne voit pas le pilote, par exemple les autres avions. Il y a certains éléments partagés entre les vues, comme le modèle de communication entre le pilote et le contrôleur, et les informations vitales concernant l'avion proprement dit.

> Un point de vue est un modèle (ou une description) des informations contenues dans une vue. Dans cet exemple, un point de vue décrit la façon dont le pilote voit le système et l'autre point de vue, la façon dont le contrôleur voit ce système.
>
> Les pilotes décrivent le système selon leur propre perspective, en utilisant un modèle de leur perspective et un vecteur allant vers ou à l'opposé de la piste. Tous les pilotes utilisent ce modèle et le modèle possède son propre langage, qui est utilisé pour identifier certaines informations et remplir le modèle. La façon dont les contrôleurs décrivent le système est différente : ils utilisent un modèle de l'espace aérien et les positions et les vecteurs des aéronefs à l'intérieur de cet espace aérien. Ici encore, tous les contrôleurs utilisent un langage commun dérivé du modèle commun afin d'identifier et de communiquer les informations correspondant à leur point de vue.
>
> Heureusement, lorsque les contrôleurs parlent au pilote, ils utilisent un langage de communication commun (en d'autres termes, les modèles représentant leurs points de vue individuels se recouvrent partiellement). Une partie de ce langage commun est utilisé pour décrire la position et les vecteurs des aéronefs, cela étant essentiel pour la sécurité.
>
> Par conséquent, chaque point de vue constitue fondamentalement un modèle abstrait représentant la façon dont tous les acteurs principaux d'un type particulier (tous les pilotes ou tous les contrôleurs) voient le système d'aéroport.
>
> L'interface avec l'utilisateur humain d'un outil est généralement proche du modèle et du langage associé au point de vue. Les outils uniques dont se sert le pilote sont carburant, l'altitude, la vitesse et les indicateurs de position. L'outil principal du contrôleur est le radar. L'outil commun est la liaison radio.

Pour résumer l'Exemple 1, on peut noter qu'une vue peut être considérée comme un sous-ensemble du système défini sous l'angle de Vue d'Architecture de l'acteur concerné, par exemple le pilote plutôt que le contrôleur. Ce sous-ensemble peut être décrit par un modèle abstrait appelé Point de Vue d'Architecture ; par exemple un modèle de plan de vol plutôt qu'un modèle d'espace aérien. Cette description de la Vue d'Architecture est documentée dans un langage partiellement spécialisé, par exemple un "jargon de pilote" plutôt qu'un "jargon de contrôleur". Les outils sont utilisés pour aider les acteurs concernés, et ils se mettent en interface avec les uns et les autres au travers du langage correspondant à chaque Point de Vue d'Architecture. Lorsque les acteurs concernés utilisent des outils communs comme la liaison radio entre pilotes et contrôleurs, un langage commun est indispensable.

3.21 Les Vues d'Architecture

Les Vues d'Architecture sont des représentations de l'architecture globale qui ont une signification pour un ou plusieurs acteurs du système. L'architecte choisit et développe un ensemble de Vues d'Architecture du cycle ADM au cours des phases A à D. Cela permet de communiquer et faire comprendre l'architecture à tous les acteurs concernés, afin qu'ils puissent vérifier que le système répondra bien à leurs préoccupations. Les concepts présentés à la Section 5.3 sont d'une importance capitale pour l'utilisation des vues de l'architecture dans le cadre TOGAF.

3.21.1 Développement des vues dans l'ADM

Le choix des Vues d'Architecture particulières à développer est l'une des décisions clés que devra prendre l'architecte.

L'architecte a pour responsabilité de s'assurer d'une part du caractère exhaustif de l'architecture (de sa bonne adéquation), en ce sens qu'elle doit bien répondre aux préoccupations principales des acteurs concernés et d'autre part de l'intégrité de l'architecture, en ce sens qu'elle doit relier entre elles la totalité des diverses vues en réconciliant au mieux préoccupations, même contradictoires, des différents acteurs concernés et en faisant apparaître les compromis ayant dû être faits (par exemple entre sécurité et performances).

3.22 Les Building Blocks de l'Architecture

Les Building Blocks de l'Architecture (*ABB – Architecture Building Blocks*) sont des documentations et des modèles d'architecture tirés du Référentiel d'Architecture de l'entreprise et classés en conformité avec le Continuum d'Architecture (Chapitre 6). Ils sont définis et sélectionnés lors de la mise en œuvre de l'ADM (cela se faisant principalement lors des Phases A, B, C et D). Les caractéristiques des ABB sont les suivantes :
- Ils se fondent sur les exigences d'architecture, par exemple les exigences métiers, données, applicatives et techniques ;
- Ils orientent et guident le développement des *Building Blocks de Solution* (*SBB – Solution Building Blocks*).

Le contenu des spécifications des ABB comprend au minimum les éléments suivants :
- Fonctionnalités générales et leurs attributs : sémantiques, précisions pour lever les ambigüités, capacités de sécurité et d'administration ;
- Interfaces : ensemble choisi, modes opératoires (API, formats de données, protocoles, interfaces matérielles, norms) ;
- Interopérabilité et relations avec les autres *Building Blocks* ;
- *Building Blocks* dépendants avec la fonctionnalité exigée et des interfaces utilisateur définies ;
- Positionnement par rapport aux entités/organisations métiers et à leurs politiques de fonctionnement propres.

Chaque ABB doit comporter une énonciation de chaque document et modèle d'architecture issu du Référentiel d'Architecture de l'entreprise qui pourraient être réutilisés pendant le développement de l'architecture. La spécification des *building blocks* utilisant l'ADM est un processus évolutif et itératif.

On se reportera à la Section 5.5 qui fournit d'autres informations.

3.23 Les Building Blocks de Solution

Les *Building Blocks de Solution* (SBB – *Solution Building Blocks*) sont associés au Continuum des Solutions. Ce sont des mises en œuvre des architectures identifiées dans le Continuum des Architectures de l'entreprise. Ils peuvent soit être achetés, soit être développés en interne. Les SBB apparaissent au cours de la Phase E de l'ADM au cours de laquelle on prend en compte pour la première fois des *Building Blocks* propres aux produits. Les SBB définissent les produits et les composants qui mettront en œuvre une fonctionnalité donnée, définissant ainsi la mise en œuvre. Ils répondent aux exigences métiers et sont conçus en fonction des produits ou des fabricants. La spécification d'un SBB contient au minimum les éléments suivants :

- Fonctionnalité et attributs spécifiques ;
- Ensemble des interfaces implémentées ;
- Les autres SBB utilisés avec les fonctionnalités attendues, avec les noms des interfaces à exposer ;
- Identification des relations des SBB avec la topologie informatique et les politiques opérationnelles ;
- Spécifications d'attributs partagés, par exemple sécurité, administrabilité, aptitude à la localisation et évolutivité ;
- Performances, capacité de configuration ;
- Moteurs et contraintes de la conception, y compris l'architecture physique ;
- Relations entre SBB et ABB.

3.24 La Planification en Fonction des Capacités

Les Phases E et F font appel à une méthode précise permettant de définir et de planifier une transformation d'entreprise se fondant sur les Principes de la Planification en Fonction des Capacités (*Capability-Based Planning*). C'est une technique de Planification du business qui se focalise sur les résultats du business. Elle est la fois centrée sur le business et dirigée par le business. Elle combine les efforts de tous les secteurs d'activité pour atteindre la capacité souhaitée. Elle s'adapte à la plupart sinon à la totalité des modèles d'entreprise et est particulièrement utile dans des organisations où une capacité de réponse latente est requise (par exemple un service de préparation aux urgences) et où des ressources identiques sont utilisées dans plusieurs capacités. Souvent, ce besoin de capacités est découvert et affiné à l'aide de scénarios business.

La Figure 5 illustre la relation entre la Planification en Fonction des Capacités, l'architecture d'entreprise et la gestion de portefeuilles/projets.

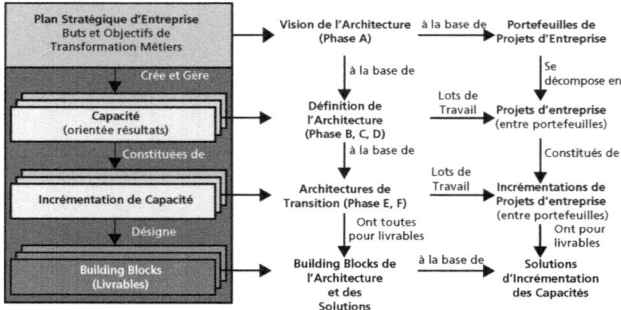

Figure 5 : Relations entre Capacités, Architecture d'Entreprise et Projets

3.25 Les Techniques de Planification de la Migration

On dispose de plusieurs techniques d'aide à la planification d'une migration (*Migration Planning Techniques)* lors des phases E et F. Elles sont décrites dans les sections suivantes.

3.25.1 Matrice d'évaluation et de déduction des facteurs de mise en œuvre

La technique de création d'une Matrice d'évaluation et de déduction des facteurs de mise en œuvre (*Implementation Factor Assessment and Deduction Matrix*) est utilisée lors de la Phase E pour documenter les facteurs ayant une influence sur le Plan de Mise en Œuvre et de Migration de l'architecture. Cette matrice doit comporter une liste de tous les facteurs, de leurs descriptions et des déductions (conclusions) ayant pu être faites, indiquant les actions ou les contraintes devant être prises en compte lors de la formulation des plans.

Un exemple de matrice est illustré dans le Tableau 11.

Tableau 11 : Matrice d'évaluation et de déduction des facteurs de mise en œuvre

Matrice d'évaluation et de déduction des facteurs de mise en œuvre		
Facteur	**Description**	**Déduction**
<Nom du Facteur>	<Description du Facteur>	<Impact sur le Plan de Migration>
Changement de Technique	Arrêt des centres de messagerie, conduisant à une économie de main d'œuvre de 700 personnes, et à les faire remplacer par un système de courrier électronique.	Besoin de formation et de réaffectation des personnels. Le courrier électronique conduit à d'importantes réductions de main d'œuvre et doit être considéré comme prioritaire.
Consolidation des services	…	…
Introduction d'un Nouveau Service Clientèle	…	…

3.25.2 Matrice des Écarts Consolidés, des Solutions et des Dépendances

La technique de création d'une Matrice des Écarts Consolidés, des Solutions et des Dépendances (*Consolidated Gaps, Solutions, and Dependencies Matrix*) permet à l'architecte de regrouper les écarts identifiés dans les résultats de l'Analyse des Écarts des architectures et d'évaluer des solutions potentielles ainsi que les dépendances vis-à-vis d'un ou plusieurs de ces écarts. Le Tableau 12 en fournit un exemple. Cette matrice peut être utilisée comme outil de planification lors de la création de lots de travail (*work packages*). Les dépendances identifiées sont les moteurs de la création des projets et de la planification de migration lors des Phases E et F.

Tableau 12 : Matrice des Écarts Consolidés, des Solutions et des Dépendances

Matrice des Écarts Consolidés, des Solutions et des Dépendances				
No	Architecture	Écart	Solutions Potentielles	Dépendances
1	Business	Nouvelle Commande Processus de Traitement	Utiliser un traitement par un progiciel sur étagère Mettre en œuvre une solution sur mesure	Pilote l'Application No 2
2	Application	Nouvelle Commande Application de Traitement	Progiciel sur étagère X Développement propriétaire	
3	Informations	Base d'information de Clientèle Consolidée	Utiliser une base de clientèle préexistante Développer un mini-entrepôt de données de clientèle	

3.25.3 Table de Définition des Architectures de Transition

La technique de création d'une Table de Définition des Architectures de Transition (*Architecture Definition Increments Table*) permet à l'architecte de planifier une série d'Architectures de Transition qui font apparaître l'état de l'architecture d'entreprise à certains moments précis. On créera une table telle que celle illustrée par le Tableau 13, qui devra fournir la liste des projets. On répartira ensuite les livrables définis de façon incrémentale entre les diverses Architectures de transition.

3.25.4 Table de traçabilité d'évolution des Architectures de Transition

La technique consistant à créer une Table de traçabilité d'évolution des Architectures de Transition (*Transition Architecture State Evolution Table*) permet à l'architecte de faire ressortir à différents niveaux l'état proposé des architectures en utilisant la taxonomie définie (par exemple the TRM – Technical Reference Model du standard TOGAF).

Tableau 13 : Exemple de Table Définition des Architectures de Transition

Définition d'Architecture : Objectifs du Projet pour chaque incrémentation				
Projet	**Avril 2007/8**	**Avril 2008/9**	**Avril 2009/10**	**Com-mentaires**
	Arch. de transition 1 : Préparation	Arch. de transition 2 : Capacité Opérationnelle Initiale	Arch. de transition 3 : Avantages	
Capacité e-Services d'entreprise	Formation et Processus Métiers	Capacité de licence électronique	Avantages du télétravail	
Formulaires électroniques pour l'informatique	Conception et construction			
Informatique Environnement d'Informations Electroniques	Conception et Construction d'un Environnement d'Information	Données communes clientèle Contenu Web Conception et Construction	Données communes d'entreprise Gestion des documents Conception et Construction	
...	...	...	...	...

On crée une table qui indique les services issus de la taxonomie utilisée dans l'entreprise, les Architectures de Transition et les transformations proposées, comme le montre le Tableau 14.

On décrira tous les *Building Blocks de Solution* (SBB) du point de vue de leur mode de livraison et de leur impact sur ces services. Ils devront également être signalés de façon à faire apparaître l'évolution de l'architecture d'entreprise. Dans l'exemple proposé, lorsque la capacité cible est atteinte, on précise le SBB avec "nouveau" ou "retenu". Lors d'une transition de la capacité vers une nouvelle solution, cela est signalé par "transition". Et lorsqu'une capacité doit être remplacée, on le signale en indiquant "remplacement".

Tableau 14 : Exemple de Table de traçabilité d'évolution des Architectures de Transition

État Architectural défini à partir du Modèle de Référence Technique				
Sous-domaine	Service	Arch. de transition 1	Arch. De transition 2	Arch. De transition 3
Applications d'Infrastructure	Services d'Échange d'Informations	Système de Solutions A (remplacement)	Système de Solutions B-1 (transition)	Système de Solutions B-2 (nouveau)
	Services de Gestion de Données	Système de Solutions D (retenu)	Système de Solutions D (retenu)	Système de Solutions D (retenu)
...	...			

3.25.5 Technique d'Évaluation des Valeurs Métiers

La technique permettant d'évaluer une valeur métier (*Business Value Assessment Technique*) consiste à créer une matrice dont une dimension est un indicateur de valeur et dont l'autre est un indicateur de risque. Un exemple en est fourni sur la Figure 6. L'indicateur de valeur devrait prendre en compte des critères tels que le respect des principes, les contributions financières, l'alignement stratégique et la position vis-à-vis de la concurrence. L'indicateur de risque devrait englober des critères tels que la taille et la complexité, la dimension technique, la capacité organisationnelle et l'impact d'un éventuel échec. Chaque critère doit se voir affecter une pondération spécifique.

L'indicateur, ses critères et leurs pondérations doivent être déterminés et approuvés par la direction de l'entreprise. Il est important d'établir les critères de prise de décision avant la prise de connaissance des options.

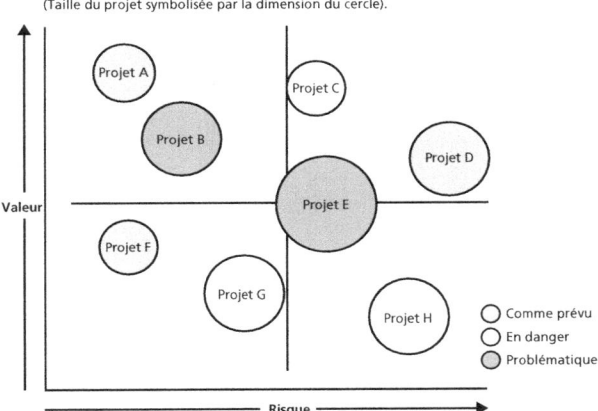

Figure 6 : Matrice d'Évaluation des Valeurs Métiers

3.26 Le Plan de Mise en Œuvre et de Migration

Le Plan de Mise en Œuvre et de Migration (*Implementation and Migration Plan*) est mis au point au cours des Phases E et F. Il propose une planification de la mise en œuvre de l'Architecture cible. Le Plan de Mise en Œuvre et de Migration comprend des projets à réaliser regroupés en portefeuilles et en programmes. La stratégie de mise en œuvre et de migration qui décrit la démarche de changement est l'un des éléments clés du Plan de Mise en Œuvre et de Migration.

Dans le Plan de Mise en Œuvre et de Migration on trouve typiquement :
- La stratégie de mise en œuvre et de migration :
  - Les orientations stratégiques de mise en œuvre,
  - La démarche séquentielle de mise en œuvre.
- La décomposition des portefeuilles et projets de mise en œuvre :
  - L'attribution des lots de travail aux portefeuilles et projets,
  - Les capacités livrées par les projets,
  - Les jalons et calendriers,

- La décomposition des tâches,
- Éventuellement les impacts sur les portefeuilles, programmes et projets existants.

Le Plan de Mise en Œuvre et de Migration peut aussi comprendre :
- Les chartes de projets :
  - Les lots de travail couverts,
  - La valeur pour le business,
  - Les risques, problèmes, hypothèses et dépendances,
  - Les exigences et coûts en ressources,
  - Les bénéfices attendus de la migration (y compris la couverture des exigences business,
  - L'estimation des coûts des options de migration.

3.27 L'Architecture de Transition

Lorsque la transformation jusqu'à l'Architecture cible demande une démarche incrémentale, une ou plusieurs Architectures de Transition (*Transition Architectures*) sont définies dans le Document de Définition de l'Architecture sortant de la Phase E. Une Architecture de Transition décrit l'entreprise dans un état architectural significatif entre l'Architecture initiale et l'Architecture cible.

Les Architectures de Transition servent à décrire les Architectures cibles intermédiaires pour aller jusqu'à l'Architecture cible. Elles permettent d'identifier des états cibles intermédiaires pendant toute la progression vers l'Architecture cible.

Le contenu typique d'une Architecture de Transition est le suivant :
- Architectures de Transition :
  - Définition des états de transition,
  - Architecture du Business pour chaque état de transition,
  - Architecture des Données pour chaque état de transition,
  - Architecture Applicative pour chaque état de transition,
  - Architecture Technologique pour chaque état de transition.

3.28 Le Modèle de Gouvernance de la Mise en Œuvre

Une fois qu'une architecture a été définie, il est nécessaire de planifier la façon dont l'Architecture de Transition sera gouvernée pendant sa mise en œuvre de l'architecture. Dans les organisations qui ont créé des fonctions d'architecture, il est probable qu'un cadre de gouvernance soit déjà présent, mais il se peut qu'il soit nécessaire de définir projet par projet, des processus, des organisations, des rôles, des responsabilités et des mesures spécifiques. Le Modèle de Gouvernance de la Mise en Œuvre (*Implementation Governance Model*), qui est un sortant de la Phase F, fait en sorte qu'un projet passant en phase de mise en œuvre évolue aussi naturellement vers une bonne gouvernance d'architecture (pour la Phase G).

Un Modèle de Gouvernance de la Mise en Œuvre contiendra typiquement :
- Des processus de gouvernance ;
- Une structure d'organisation de la gouvernance ;
- Des rôles et des responsabilités dans la gouvernance ;
- Des points de vérification et des critères de réussite/échec de la gouvernance.

3.29 Les Contrats d'Architecture

Les Contrats d'Architecture (*Architecture Contracts*) sont produits lors de la Phase G.

Gouvernance de la Mise en œuvre. Les Contrats d'Architecture sont des accords de partenariat entre les partenaires et les sponsors d'un développement. Ils portent sur les livrables, la qualité et la bonne adéquation d'une architecture. Ces accords conduiront à une mise en œuvre réussie grâce à une architecture efficace. En mettant en œuvre une démarche gouvernée pour gérer les contrats, on pourra garantir :

- Un système de suivi continu permettant de vérifier l'intégrité, les changements, les prises de décision, et d'auditer toutes les activités liées à l'architecture au sein de l'organisation ;
- Le respect des principes, des standards et des exigences des architectures existantes ou en cours de développement ;
- L'identification des risques liés à tous les aspects du développement et de la mise en œuvre de la ou des architecture(s) lors d'un développement en interne dans le respect des standards, des règles, des techniques et des produits déjà acceptés, et liés aux aspects opérationnels des architectures, de façon que l'organisation puisse poursuivre son activité au sein d'un environnement robuste ;
- Un ensemble de processus et de pratiques qui garantissent la responsabilisation et la discipline lors du développement et de l'utilisation de tous les artefacts d'architecture ;
- Une compréhension formelle de l'organisation de la gouvernance qui est responsable du contrat, de son niveau d'autorité et du périmètre de l'architecture soumise à la gouvernance de cette entité.

Le standard TOGAF identifie les deux exemples de contrat suivants :
- Le Contrat de conception et de développement d'architecture ;
- Le Contrat d'architecture avec des entités métiers.

Les contenus types d'un Contrat de conception et de développement d'architecture sont les suivants :
- Une introduction et un contexte ;
- La nature de l'accord ;
- Le périmètre de l'architecture ;
- L'architecture, et les Principes et exigences stratégiques ;
- Les exigences de conformité ;
- Les processus et rôles de développement et de gestion de l'architecture ;
- Les mesures de l'Architecture cible ;
- Les phases définies pour les livrables ;
- Le plan de travail de partenariat hiérarchisé ;

- La(es) fenêtre(s) de tir ;
- Les métriques utilisées pour les livrables et les métiers.

Les contenus types d'un Contrat d'architecture des utilisateurs métiers produit par la Phase G sont les suivants :
- Une introduction et un contexte ;
- La nature de l'accord ;
- Le périmètre ;
- Les exigences stratégiques ;
- Les exigences de conformité ;
- Les utilisateurs auxquels est destinée l'architecture ;
- Une fenêtre de temps ;
- Des métriques métiers de l'architecture ;
- Une architecture des services [comprenant le contrat de niveau de service (*SLA – Service Level Agreement*)]

Ce contrat est aussi utilisé pour gérer les modifications apportées à l'architecture d'entreprise lors de la Phase H.

3.30 La Demande de Changement

Les demandes de Changement d'Architecture sont traitées lors de la Phase H : Gestion du Changement d'Architecture.

Durant la mise en œuvre d'une architecture, à mesure que le nombre de faits connus augmente, il peut arriver que la définition et les exigences d'architecture initiale soient inadaptées ou insuffisantes pour mener à bien la mise en œuvre d'une solution. Dans ces circonstances, on doit faire en sorte que les projets de mise en œuvre s'écartent de la démarche architecturale envisagée, ou bien demander un élargissement du périmètre. De plus, certains facteurs externes (par exemple des facteurs liés au marché, des changements de stratégie de l'entreprise et de nouvelles opportunités technologiques) peuvent ouvrir de nouvelles opportunités permettant d'étendre et d'affiner l'architecture.

Dans ces circonstances, une Demande de Changement (*Change Request*) peut être émise pour lancer un nouveau cycle du travail d'architecture.

Une Demande de Changement contiendra typiquement :
- Une description du changement proposé ;
- Une justification du changement proposé ;
- Une évaluation de l'impact du changement proposé, comprenant :
  - Une référence à des exigences particulières,
  - Les priorités des exigences des acteurs concernés à la date de l'évaluation,
  - Les phases à revoir,
  - La phase à prendre en compte pour hiérarchiser les exigences,
  - Les résultats des analyses de phase et de révision des priorités,
  - Des recommandations sur la gestion des exigences.
- Un numéro d'identification au sein du référentiel d'entreprise.

3.31 L'Évaluation de conformité

Une fois qu'une architecture a été définie, il est nécessaire d'en gouverner sa mise en œuvre pour que la Vision d'architecture originale soit convenablement réalisée et que tous les enseignements tirés de la mise en œuvre soient répercutés dans le processus d'architecture. Des analyses périodiques de conformité des projets de mise en œuvre en Phase G permettent d'évaluer l'avancement d'un projet et de faire en sorte que la conception et la mise en œuvre se déroulent dans la direction des objectifs stratégiques et architecturaux qui ont été fixés.

Une Évaluation de conformité comprendra typiquement :
- Un aperçu général de l'avancement et de l'état d'un projet ;
- Un aperçu général de l'architecture ou de la conception d'un projet ;
- L'instruction de check-lists de l'architecture :
  - Check-list des matériels et des systèmes d'exploitation,
  - Check-list des services logiciels et des middlewares,
  - Check-list des applications,

- Check-list de la gestion des informations,
- Check-list de sécurité,
- Check-list pour la gestion des systèmes,
- Check-list concernant l'ingénierie système,
- Check-list des méthodes et outils.

3.32 L'Évaluation de l'impact sur les exigences

Tout au long de l'ADM, de nouvelles informations concernant l'architecture sont collectées. À mesure que ces informations sont rassemblées, de nouveaux faits peuvent être mis en lumière qui invalident certains aspects existants de l'architecture. Une Évaluation de l'impact sur les exigences permet d'évaluer les exigences et les spécifications de l'architecture actuelle afin d'identifier les changements devant être effectués et les implications qu'auront ces changements.

Cela consiste à documenter l'évaluation des changements et les recommandations pour modifier l'architecture. Il est suggéré que ce document contienne :
- Une référence à des exigences particulières ;
- Les priorités des exigences des acteurs concernés à la date de l'évaluation ;
- Les phases à revoir ;
- La phase à prendre en compte pour hiérarchiser les exigences ;
- Les résultats des analyses des phases et des priorités revues ;
- Des recommandations sur la gestion des exigences ;
- Un numéro d'identification au sein du référentiel d'entreprise.

Ces éléments sont souvent fournis en réponse à une Demande de Changement.

Chapitre 4
Recommandations pour l'adaptation de l'ADM

Ce chapitre fournit les recommandations à suivre pour adapter l'ADM.

4.1 Introduction

L'ADM est une méthode générique de développement d'architectures qui est conçue pour répondre à la plupart des exigences des systèmes et des organisations. Cependant, il sera souvent nécessaire de modifier ou de compléter l'ADM pour l'adapter à certains besoins spécifiques. Avant d'appliquer l'ADM il faut analyser le processus concerné et ses sortants pour vérifier qu'ils puissent bien être utilisés, puis les adapter du mieux que l'on peut au contexte spécifique d'une entreprise. Cette activité peut conduire à un ADM "spécifique de l'entreprise".

On peut souhaiter adapter l'ADM aux particularités d'une entreprise pour plusieurs raisons. Certaines de ces raisons sont explicitées ci-après.

1. Il est important de tenir compte du fait que l'ordre des phases de l'ADM dépend dans une certaine mesure du niveau de maturité de l'architecture au sein de l'entreprise concernée. Par exemple si la Définition d'Architecture n'est pas perçue comme essentielle, il est indispensable de créer une Vision de l'Architecture. Cela doit être suivi par une Architecture Business détaillée afin de définir les cas d'études pour les éléments d'architecture restants tout en s'assurant de la participation active des acteurs clés dans ce travail.
2. L'ordre des phases peut aussi être fixé par les Principes du business et de l'architecture utilisés par l'entreprise. Par exemple les Principes du business peuvent imposer que l'entreprise soit disposée à modifier ses processus business afin de répondre aux besoins d'une solution packagée qui pourra ainsi être mise en œuvre rapidement et conduira à une réponse rapide aux évolutions du marché. Dans ce cas,

l'Architecture du Business (ou du moins sa réalisation) peut très bien se calquer sur la réalisation de l'Architecture des Systèmes d'information.
3. Une entreprise peut souhaiter utiliser ou adapter l'ADM en association avec un autre cadre d'architecture d'entreprise qui comporte un ensemble défini de livrables propres à un secteur vertical particulier : Gouvernement, Défense, e-Business, Télécommunications, etc.
4. L'ADM est l'un des nombreux processus d'entreprise qui font partie du modèle de gouvernance d'une entreprise. L'ADM complète et vient à l'appui d'autres processus classiques de gestion des programmes. L'entreprise adaptera l'ADM de façon à ce que celle-ci soit le reflet des relations et des dépendances établies avec d'autres processus de management.
5. L'utilisation de l'ADM est demandée à un maître d'œuvre ou à un sous-traitant, dans le cadre d'une externalisation, et doit pouvoir être personnalisée afin d'établir un compromis entre la façon de travailler du sous-traitant et les exigences de l'entreprise donneuse d'ordre.
6. L'entreprise est une petite ou moyenne entreprise et souhaite utiliser une version "réduite" de l'ADM qui s'accommode mieux du niveau réduit de ressources et de complexité des systèmes typique de cet environnement.
7. L'entreprise est une très grande entreprise pouvant être complexe, englobant de nombreuses "filiales" distinctes bien qu'associées au sein d'un cadre de business collaboratif global, et la méthode architecturale doit être adaptée à cette situation. De telles entreprises ne peuvent généralement pas être abordées avec succès en tant qu'entités uniques et nécessitent une approche plus fédérative.

Le processus ADM peut également être adapté de façon à prendre en compte un certain nombre de scénarios d'utilisation différents, parmi lesquels des styles de processus d'architecture différents (par exemple le fait d'utiliser des itérations) ainsi que des architectures spécialisées spécifiques (telles que la sécurité). Ces aspects sont analysés dans les sections suivantes.

4.2 Application des Itérations à l'ADM

L'ADM prend en charge un certain nombre de concepts assimilables à des itérations.

Itération pour développer le Paysage de l'architecture complet :
- Les projets réitèrent plusieurs fois la totalité du cycle ADM et débutent avec la Phase A. Chaque cycle de l'ADM est lié à une Demande de Mise en Chantier d'Architecture. Les activités d'architecture vont remplir le Paysage de l'architecture, soit en étendant le paysage décrit soit en changeant le paysage si nécessaire ;
- Des projets séparés peuvent réaliser leurs propres cycles ADM simultanément, avec des relations entre les différents projets ;
- Un projet peut déclencher un autre projet. Typiquement, cela est utilisé quand des initiatives d'architecture de haut niveau identifient des opportunités ou des solutions qui requièrent une architecture plus détaillée, ou quand un projet identifie des impacts sur le Paysage en dehors du périmètre de sa Demande de Mise en Chantier d'Architecture.

Itérations au sein d'un cycle ADM :
- Les projets peuvent réaliser de multiples phases ADM simultanément. Typiquement, cela est utilisé pour gérer les interrelations entre les Architectures Business, Application, Données et Technologique ;
- Les projets peuvent itérer entre des phases ADM dans des cycles planifiés couvrant plusieurs phases. Typiquement, cela est utilisé pour converger vers une Architecture cible détaillée quand il n'existe pas une architecture de haut niveau pour fournir un contexte et des contraintes ;

Les projets peuvent retourner à des phases précédentes pour reboucler et mettre à jour les livrables avec de nouvelles informations. Typiquement, cela est utilisé pour converger vers une Feuille de Route d'Architecture ou un Plan de Mise en Œuvre et de Migration réalisable, quand les détails de mise en œuvre et le périmètre de changement déclenche une modification ou une re-priorisation des exigences des acteurs concernés.

Itérations pour gérer la Capacité d'architecture :
- Le résultat du traitement d'une Demande de Mise en Chantier d'Architecture en Phase A peut nécessiter une nouvelle itération de la Phase Préliminaire pour ajuster la Capacité d'architecture de l'organisation ;
- Les changements identifiés en Phase H peuvent nécessiter une nouvelle itération de la Phase Préliminaire pour ajuster la Capacité d'architecture de l'organisation.

Toutes ces techniques sont des applications valables de l'ADM et peuvent être utilisées pour faire en sorte que la démarche de développement de l'architecture soit suffisamment souple pour s'accommoder d'autres méthodes et cadres conceptuels.

Le standard TOGAF prend en compte les facteurs organisationnels qui influencent le choix d'une approche itérative de l'ADM, sur les différents styles d'itérations et la correspondance entre les phases ADM et les cycles d'itération pour la définition de l'architecture.

La Figure 7 suggère un cycle d'itérations qui couvre de multiples phases de l'ADM.

- **Les Itérations sur la Capacité d'Architecture** permettent la création et l'évolution de la Capacité d'architecture requise. Ce cycle inclut la mobilisation initiale de l'activité d'architecture pour un objectif donné, ou un type d'engagement, en créant ou en adaptant une démarche d'architecture, ainsi que les principes, le périmètre, la vision et la gouvernance.
- **Les Itérations sur le Développement de l'Architecture** permettent de créer du contenu en parcourant de façon cyclique ou en intégrant les phases d'Architectures du Business, Systèmes d'Information

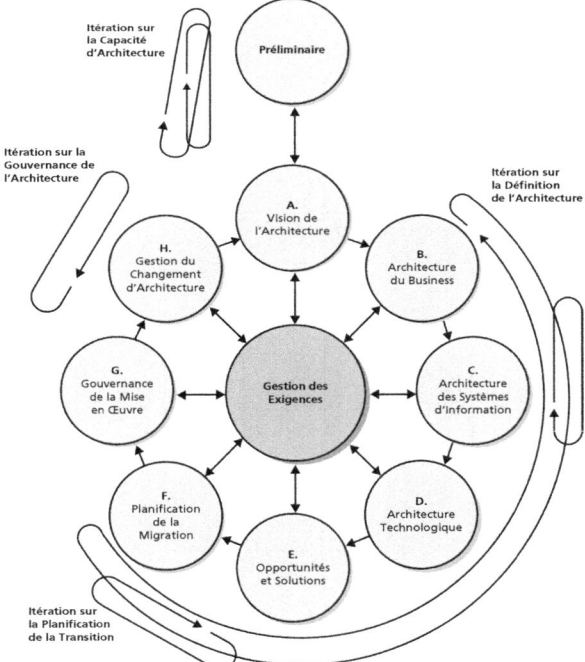

Figure 7 : Cycles d'Itération

et Technologique. Ces itérations assurent que l'architecture est considérée comme un tout. Dans ce type d'itération, les revues des acteurs concernés sont typiquement plus larges. Comme ces itérations convergent sur une cible, les améliorations durant les phases Opportunités et Solutions et Planification de la Migration s'assurent de la prise en compte de la faisabilité de l'architecture lors de sa finalisation.

- **Les Itérations sur la Planification de la Transition** permettent de créer des feuilles de route formelles décrivant les changements pour une architecture donnée.

Phase TOGAF		Définition de l'Architecture			Planification de la Transition		Gouvernance de l'Architecture	
		Itération 1	Itération 2	Itération n	Itération 1	Itération n	Itération 1	Itération n
Phase préliminaire		Informel	Informel	Informel				
Vision		Informel	Informel	Informel				Léger
Architecture du Business	Initiale	Coeur	Léger	Coeur	Informel	Informel		Léger
	Cible	Informel	Coeur	Coeur	Informel	Informel		Léger
Architecture des Application	Initiale	Coeur	Léger	Coeur	Informel	Informel		Léger
	Cible	Informel	Coeur	Coeur	Informel	Informel		Léger
Architecture des Données	Initiale	Coeur	Léger	Coeur	Informel	Informel		Léger
	Cible	Informel	Coeur	Coeur	Informel	Informel		Léger
Architecture Technique	Initiale	Coeur	Léger	Coeur	Informel	Informel		Léger
	Cible	Informel	Coeur	Coeur	Informel	Informel		Léger
Opportunités et Solutions		Léger	Léger	Léger	Coeur	Coeur	Informel	Informel
Planification de la Migration		Léger	Léger	Léger	Coeur	Coeur	Informel	Informel
Mise en oeuvre de la Gouvernance					Informel	Informel	Coeur	Coeur
Gestion du Changement		Informel	Informel	Informel	Informel	Informel	Coeur	Coeur

Coeur : focalisation principale de l'activité d'itération

Léger : focalisation secondaire de l'activité d'itération

Informel : activité potentielle d'itération non formellement mentionnée dans la méthode

Figure 8 : Activité par Itération lors de la Première Définition de l'Architecture Initiale

- **Les Itérations sur la Gouvernance de l'Architecture** viennent en appui de l'activité de gouvernance du changement pour converger vers une Architecture Cible donnée.

Phase TOGAF		Définition de l'Architecture			Planification de la Transition		Gouvernance de l'Architecture	
		Itération 1	Itération 2	Itération n	Itération 1	Itération n	Itération 1	Itération n
Phase préliminaire		Informel	Informel	Informel				Léger
Vision d'Architecture		Informel	Informel	Informel	Informel	Informel		Léger
Architecture du Business	Initiale	Informel	Cœur	Cœur	Informel	Informel		Léger
	Cible	Cœur	Léger	Cœur	Informel	Informel		Léger
Architecture des Applications	Initiale	Informel	Cœur	Cœur	Informel	Informel		Léger
	Cible	Cœur	Léger	Cœur	Informel	Informel		Léger
Architecture des Données	Initiale	Informel	Cœur	Cœur	Informel	Informel		Léger
	Cible	Cœur	Léger	Cœur	Informel	Informel		Léger
Architecture Technique	Initiale	Informel	Cœur	Cœur	Informel	Informel		Léger
	Cible	Cœur	Léger	Léger	Informel	Informel		Léger
Opportunités et Solutions		Léger	Léger	Léger	Cœur	Cœur	Informel	Informel
Planification de la Migration		Léger	Léger	Léger	Cœur	Cœur	Informel	Informel
Mise en œuvre de la Gouvernance				Informel	Informel	Informel	Cœur	Cœur
Gestion du Changement		Informel	Informel	Informel	Informel	Informel	Cœur	Cœur

Cœur : focalisation principale de l'activité d'itération

Léger : focalisation secondaire de l'activité d'itération

Informel : activité potentielle d'itération non formellement mentionnée dans la méthode

Figure 9 : Activité par Itération lors de la Première Définition de l'Architecture Cible

Le standard TOGAF définit deux styles de définition de l'architecture :
- Commencer par l'**Architecture Initiale** : Si l'on utilise ce style, on évalue tout d'abord l'Architecture Initiale. Ce processus convient lorsqu'on n'a pas encore une bonne compréhension de la solution cible.
- Commencer par l'**Architecture Cible :** Si l'on utilise ce style, on élabore l'Architecture Cible en détails, puis on la fait remonter jusqu'à l'architecture initiale afin de préciser l'activité de changement. Ce processus convient lorsqu'il n'a pas été possible de s'accorder sur un état cible aux niveaux les plus élevés de l'entreprise et lorsque l'entreprise souhaite éviter une reconduction des pratiques existantes du business vers la cible.

Le standard TOGAF met en correspondance ces deux styles avec les cycles d'itération, comme illustré sur les Figures 8 et 9.

Le standard TOGAF décrit aussi une utilisation hiérarchique des itérations où chaque cycle ADM se déroule à un seul niveau de description d'architecture. Cette approche de l'ADM utilise la phase de Planification de la migration d'un cycle ADM pour initier un nouveau cycle de projets plus détaillés, qui vont également développer des architectures. Ce type d'itérations met en lumière le besoin d'une architecture de haut niveau pour guider et contraindre une architecture plus détaillée. Cela met en avant le fait qu'un Paysage d'architecture complet est réalisé par de multiples itérations de l'ADM. Cette approche est illustrée par la Figure 10.

4.3 Application de l'ADM au sein du Paysage de l'Architecture

Dans une entreprise type, plusieurs architectures seront décrites dans le Paysage de l'Architecture à tout moment. Certaines architectures adresseront des besoins très spécifiques, d'autres seront plus générales. Certaines traiteront du détail, d'autres fourniront une vue d'ensemble. Pour aborder cette complexité, le standard TOGAF utilise les concepts de

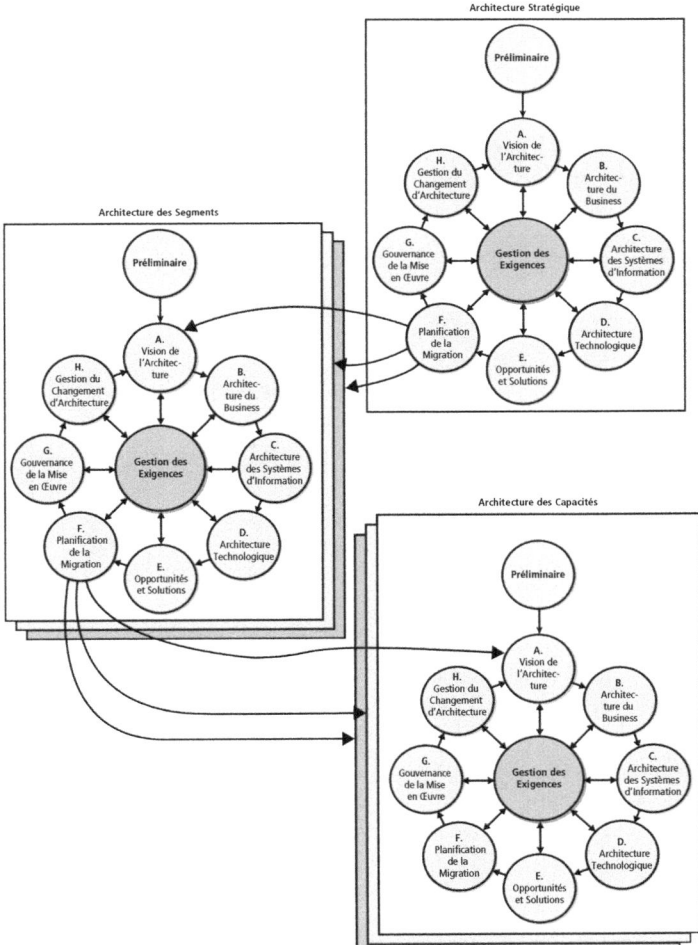

Figure 10 : Un Exemple de Hiérarchie de Processus ADM

niveaux et le Continuum d'Entreprise pour fournir un cadre conceptuel permettant d'organiser le Paysage de l'architecture.

Les niveaux fournissent un cadre pour diviser le Paysage de l'Architecture en trois niveaux de granularité :
- L'Architecture stratégique fournit un cadre d'organisation pour les opérations et la transformation et permet de fixer la direction à un niveau décideur ;
- L'Architecture de segment fournit un cadre d'organisation pour les opérations et la transformation et permet de fixer la direction et le développement des feuilles de route d'architecture efficaces au niveau programme ou portefeuille ;
- L'Architecture de capacité fournit un cadre d'organisation pour la transformation et le développement des feuilles de route d'architecture efficaces réalisant des incréments de capacité.

La Figure 11 montre une synthèse du modèle de classification du Paysage d'architecture.

Le standard TOGAF décrit les types d'engagements pris par les architectes pour réaliser leurs travaux et comment l'ADM peut être utilisée pour coordonner les activités de diverses équipes d'architectes travaillant à différents niveaux. Il propose également deux stratégies d'utilisation de l'ADM pour prendre en charge les hiérarchies d'architectures :
- Des architectures de différents niveaux peuvent être développées par des itérations au sein d'un même processus ADM ;
- Des architectures de différents niveaux peuvent être développées à travers une hiérarchie de processus ADM exécutés simultanément.

Dans les cas extrêmes, l'une ou l'autre de ces deux options peuvent être pleinement adoptées. En pratique, un architecte va probablement avoir besoin de mélanger les éléments de chacune des options pour

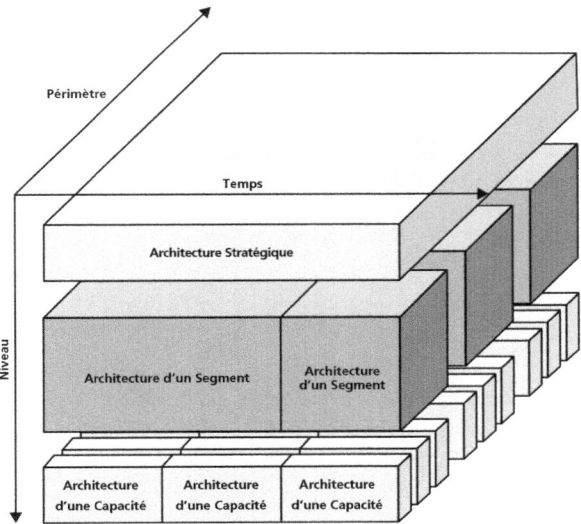

Figure 11 : Résumé d'un Modèle de Classification du Paysage de l'Architecture

répondre précisément aux exigences de la Demande de Mise en Chantier d'Architecture.

4.4 Utilisation de l'ADM avec Différents Styles d'Architecture

Les styles d'architecture diffèrent en termes de focus, forme, techniques, documents, sujets et périodes de temps considérés. Le standard TOGAF, et son ADM, sont conçus pour être génériques et prévus pour un usage dans une grande variétés de contexte. Ils peuvent être facilement adaptés à un grand nombre de styles.

De nombreux styles d'architecture ont été développés pour adresser les problèmes clefs auxquels font face les pratiquants et pour démontrer comment le cadre TOGAF peut être plus pertinent dans des contextes

donnés. Ils sont contenus dans la Bibliothèque TOGAF. Certains ont été définis par les forums The Open Group and les Work groups adressant des domaines spécifiques et ont été publiés dans des guides, livres blancs et standards. Par exemple :
- TOGAF® Series Guide : Using the TOGAF® Framework to Define and Govern Service- Oriented Architectures
- Integrating Risk and Security within a TOGAF® Enterprise Architecture

Certains ont été réalisés collaborativement par The Open Group et d'autres entités. Par exemple :
- TOGAF® and SABSA® Integration
- Integrating the TOGAF® Standard with the BIAN Service Landscape
- Exploring Synergies between TOGAF® and Frameworx
- TOGAF® 9 and DoDAF 2.0

Chapitre 5
Le Cadre de Contenu d'Architecture

Ce chapitre introduit le concept de Cadre de Contenu d'Architecture qui est un métamodèle structuré des éléments d'architecture.

5.1 Aperçu général du Cadre de Contenu d'Architecture

L'exécution de l'ADM a pour résultat des sortants tels les flux de processus, les exigences architecturales, les plans des divers projets, des évaluations de conformité de ces projets, etc. Pour pouvoir rassembler et présenter ces fournitures majeures de manière cohérente et structurée, on doit pouvoir les positionner dans un Cadre de Contenu d'Architecture. On peut ainsi s'y référer plus facilement et disposer d'une classification standardisée. Cela permet la structuration des relations entre les divers éléments fournis formant ce que l'on a l'habitude de nommer "Architecture d'Entreprise".

Le Cadre de Contenu d'Architecture défini permet d'utiliser le cadre TOGAF comme un cadre d'architecture autonome au sein d'une entreprise. Cependant, comme il existe d'autres cadres de contenu (par exemple les cadres proposés par le langage ArchiMate et le cadre Zachman), certaines entreprises préféreront utiliser un cadre externe en association avec l'ADM. Dans ce cas, le Cadre de Contenu d'Architecture TOGAF constitue une référence et un point de départ permettant la mise en correspondance d'un contenu TOGAF avec les métamodèles d'autres cadres conceptuels.

Pour simplifier la classification des nouvelles fournitures d'architecture et aider à répondre aux besoins potentiels de liens avec les autres cadres de contenu (qui incluent éventuellement les fournitures d'architecture déjà classées), le Cadre de Contenu d'Architecture fait intervenir trois catégories pour décrire les types de fournitures architecturales dans leurs contextes d'utilisation :

- Un **livrable** (*deliverable*) est une fourniture d'architecture qui est spécifiée de façon contractuelle et doit normalement être examinée puis faire l'objet d'un contrat signé par les acteurs concernés. Les livrables représentent souvent les sortants de projets ;
- Un **artefact** est le résultat d'un travail d'architecture qui décrit un aspect de l'architecture. Les artefacts sont communément classés en catalogues (listes d'objets), matrices (relations deux-à-deux entre objets) et diagrammes (représentation graphique des objets). Un catalogue d'exigences, une matrice d'interaction métier et un diagramme de cas d'utilisation sont des exemples d'artefacts. Un livrable d'architecture peut contenir de nombreux artefacts et les artefacts forment le contenu du Référentiel d'Architecture ;
- Un **Building Block** représente soit un composant business (potentiellement réutilisable), soit un composant informatique, soit le composant d'une capacité qui peut être combiné à d'autres *Building Blocks* afin de livrer des architectures et des solutions.

Les *Building Blocks* peuvent être définis à divers niveaux de détail et peuvent être à la fois liés aux "architectures" et aux "solutions". En effet, les *Building Blocks de l'Architecture* (ABB) décrivent généralement la capacité requise pour mettre en forme les *Building Blocks des Solutions* (SBB) qui peuvent représenter des composants à utiliser pour mettre en œuvre la capacité exigée. Ces points sont évoqués plus en détail dans la Section 5.5.

Les relations entre livrables, éléments d'architecture et *Building Blocks* sont illustrés sur la Figure 12.

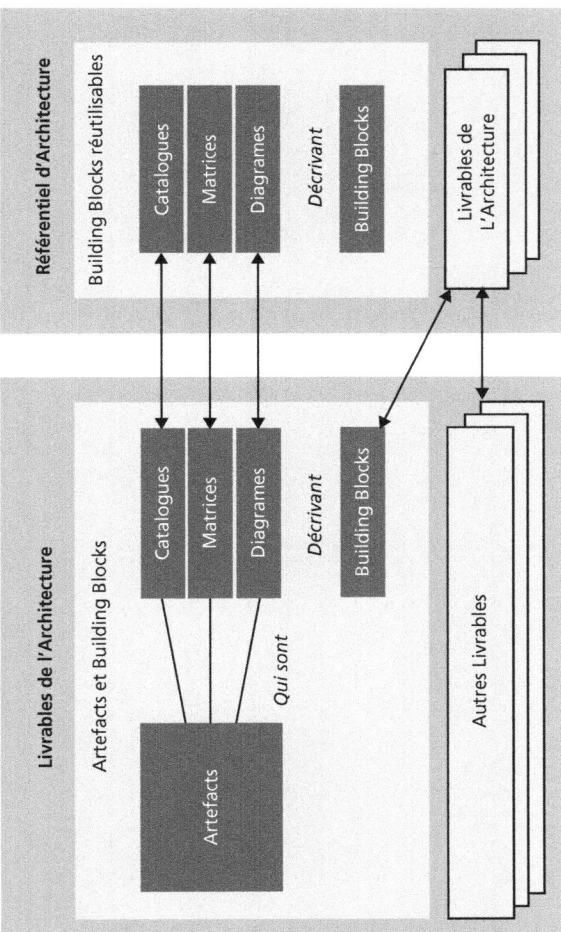

Figure 12 : Relation entre Livrables, Éléments d'Architecture et Building Blocks

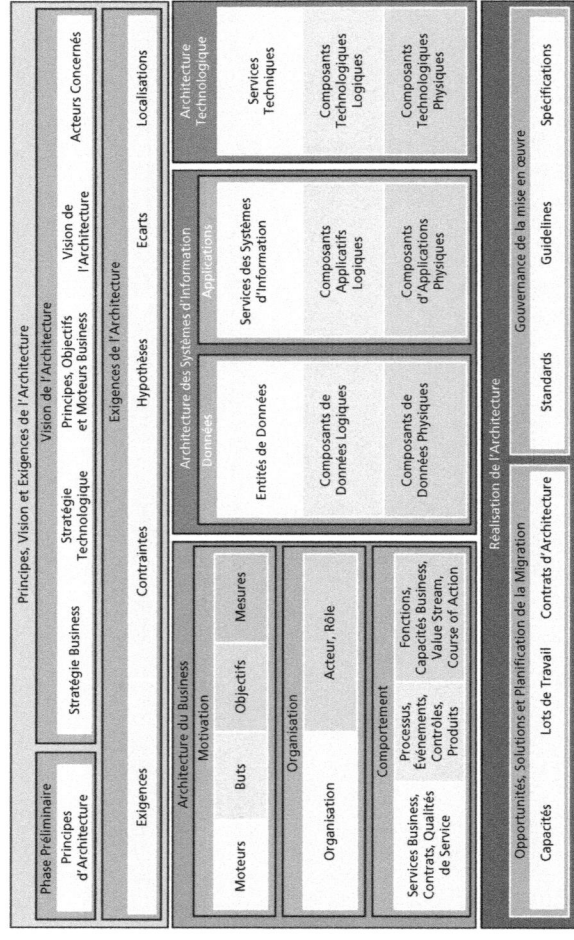

Figure 13 : Aperçu Général du Méta modèle de Contenu

5.2 Le Métamodèle du Contenu

Le Cadre de Contenu de l'Architecture se fonde sur un métamodèle standard qui définit tous les types de *Building Blocks* pouvant exister au sein d'une architecture. Un aperçu schématique du métamodèle de contenu est illustré Figure 13. Le métamodèle formalise la façon dont ces *Building Blocks* peuvent être décrits et la façon dont ils sont liés les uns aux autres.

Lors de la création et de la gestion des architectures, il faut prendre en compte divers aspects tels que les services métiers, les acteurs, les applications, les entités de données et la technologie Le méta modèle du contenu fait apparaître ces préoccupations, met en évidence leurs relations et identifie les éléments d'architecture permettant de les représenter de manière cohérente et structurée.

Par ailleurs, le méta modèle du contenu peut être utilisé comme guide par toutes les organisations souhaitant mettre en œuvre leur architecture à l'aide d'un outil.

5.2.1 Le Cœur et les Extensions

La structure du modèle a été conçue pour prendre en compte le cœur des contenus et leurs éventuelles extensions. Le cœur du méta modèle fournit un ensemble minimal de contenus architecturaux assurant la traçabilité. Les extensions facilitent des modélisations plus spécifiques ou approfondies.

Les extensions permettent de se focaliser sur des domaines d'intérêt spécifiques. Tous les modules d'extension sont facultatifs et doivent être sélectionnés pendant la Phase Préliminaire des diverses itérations de l'ADM afin de répondre aux besoins de l'organisation. Les extensions décrites dans le standard TOGAF le sont à titre de recommandation et peuvent être ajoutées ou contextualisées en fonction des besoins.

5.3 Éléments d'Architecture

Le standard TOGAF décrit la terminologie autour des artéfacts d'architecture puis décrit les artéfacts recommandés à créer lors de chaque phase de l'ADM. Ces fournitures sont étiquetées en tant qu'éléments d'architecture. Elles forment un modèle individuel représentant un système, une solution ou l'état d'une entreprise. Ce modèle pourrait le cas échéant être réutilisé dans divers autres contextes.

Un élément d'architecture est différent d'un livrable qui, lui, est un sortant contractuel d'un projet. Dans la plupart des cas, les livrables contiennent des éléments d'architecture et chacun de ces éléments peut se retrouver dans de nombreux livrables. Les concepts et la terminologie de base utilisés dans la présente section se fondent sur la norme l'ISO/IEC 42010:2011 and ISO/IEC/IEEE 15288:2015,[7] décrite dans le Tableau 15 et illustrée sur la Figure 14.[8]

5.3.1 Catalogues, Matrices et Diagrammes

Alors que le Méta-modèle de contenu est utilisé pour faciliter la structuration des informations architecturales, la plupart des acteurs concernés n'ont pas besoin, ou ne souhaitent pas connaître, les détails contenus dans ce Cadre de Contenu d'Architecture. Par conséquent, l'utilisation de catalogues, matrices et diagrammes facilite la représentation des informations architecturales afin qu'elles puissent être comprises et utilisées plus facilement à des fins de références et de gouvernance.

Les Catalogues sont des listes de Buiding Blocks d'un certain type ou de types associés ; les Matrices sont des tableaux montrant les relations entre deux, ou plus, entités ; et les Diagrammes sont des représentations graphiques de contenus d'architecture.

---

[7] ISO/IEC/IEEE 15288:2015: Systems and Software Engineering – System Life Cycle Processes.
[8] Réimprimé avec l'autorisation d'ISO/IEC/IEEE 42010:2011, Systems and Software Engineering – Architecture Description, avec l'autorisation de IEEE. Copyright © 2011, by IEEE. L'IEEE décline toute responsabilité résultant du placement et de l'utilisation de la manière décrite.

Tableau 15 : Concepts Liés aux Vues de l'Architecture

Concept	Définition
Système	Une combinaison d'éléments en interaction, organisés pour atteindre un ou plusieurs objectifs définis.
Architecture	Les concepts fondamentaux ou les propriétés d'un système dans son environnement concrétisé par ses éléments, relations, et par les Principes de sa conception et de son évolution.
Description Architecturale	Une production de travail utilisée pour décrire une architecture ; une collection de Vues d'Architecture et de modélisation qui, ensemble, décrivent l'architecture
Acteurs concernés	Un individu, une équipe ou une organisation, ou une catégorie de ceux-ci, ayant un intérêt dans un système.
Préoccupations	Un intérêt particulier vis-à-vis d'un système pour un ou plusieurs acteur(s) concerné(s). Les préoccupations peuvent concerner un aspect quelconque du fonctionnement, du développement, ou de l'exploitation d'un système, cela incluant les performances, la fiabilité, la sécurité, la distribution et les possibilités d'évolution.
Vue d'Architecture	La représentation d'un système selon la perspective d'un ensemble de préoccupations.
Point de Vue d'Architecture	Spécification des conventions à utiliser pour la construction et l'utilisation d'une Vue d'Architecture.

En synthèse, les résultats d'une architecture développée avec l'ADM consistent en un certain nombre d'ABB – les Architecture Building Blocks – définis, er répartis dans des catalogues d'architecture, avec des relations spécifiées avec d'autre building blocks au moyen des matrices d'architecture. Ces relations peuvent aussi être représentées dans des diagrammes, de façon adaptée pour répondre aux préoccupations des acteurs concernés.

Le standard TOGAF propose un ensemble d'artefacts recommandés, résumés dans le Tableau 16.

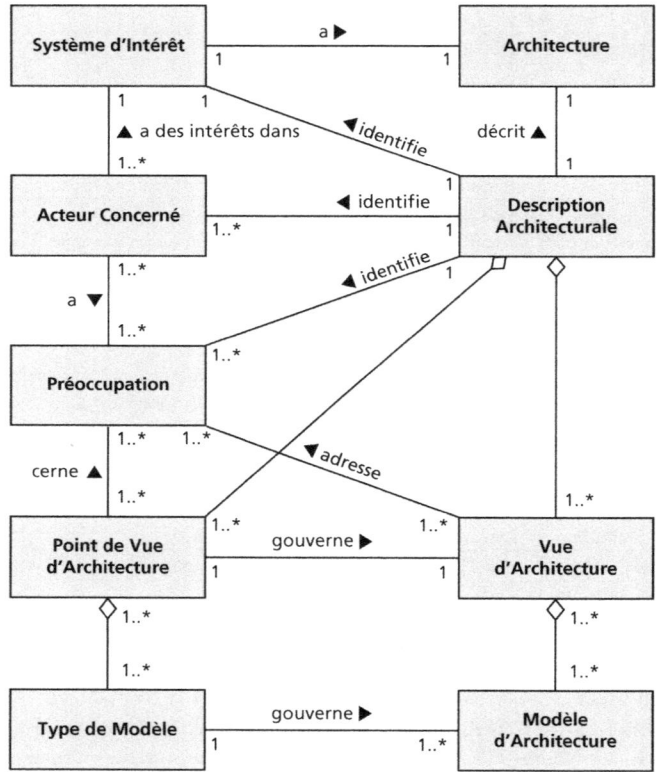

Figure 14 : Concepts de Base pour une Description de l'Architecture

5.4 Livrables de l'Architecture

Le standard TOGAF, Version 9.2, Partie IV, Chapitre 32 propose une base de référence typique pour des livrables de l'architecture permettant de mieux définir les activités requises par l'ADM. Elle peut devenir pour une organisation le point de départ d'une personnalisation. Pour plus de détails, on se référera au Chapitre 3.

Tableau 16 : Artefacts Recommandés par Phase de l'ADM

Phase de l'ADM	Artéfacts
Phase Préliminaire	Catalogue des principes
Phase A	Matrice de Relations entre Acteurs Concernés Diagramme de la Chaîne de Valeurs Diagramme des Concepts de Solutions Diagramme de Modèle Business Carte de Capacités Business Carte de Value Stream
Phase B	Catalogue des Organisations/Acteurs Catalogue des Moteurs/Buts/Objectifs Catalogue des Rôles Catalogue des Services/Fonctions Métiers Catalogue des Lieux Catalogue des Processus/Événements/Contrôles/Produits Catalogue des Contrats Catalogue des Contrats/Mesures Catalogue des Capacités Business Catalogue des Value Streams Catalogue des Etapes d'une Value Stream Matrice des Interactions entre Métiers Matrice des Acteurs/Rôles Matrice Value Stream/Capacités Matrice Stratégie / Capacités Matrice Capacités / Organisations Diagramme de la Place et du Poids du Business Diagramme des Services/Informations du Business Diagramme de Décomposition Fonctionnelle Diagramme du Cycle de vie des Produits Diagramme des Buts/Objectifs/Services Diagramme des Cas d'Usage Métiers Diagramme de Décomposition de l'Organisation Diagramme des Flux Diagramme d'Événements Carte des Capacités Business (mise à jour) Carte des Value Streams (mise à jour) Diagramme des Organisations

Phase de l'ADM	Artéfacts
Phase C, Architecture des Données	Catalogue des Entités de Données/Composants de Données Matrice des Entités de Données/Fonctions Métiers Matrice des Applications/Données Diagramme Logique des Données Diagramme Conceptuel des Données Diagramme de Dissémination des Données Diagramme de Sécurité des Données Diagramme de Migration des Données Diagramme du Cycle de Vie des Données
Phase C, Architecture Applicative	Catalogue des Portefeuilles d'Applications Catalogue des Interfaces Matrice des Applications/Organisations Matrice des Rôles/Applications Matrice des Applications/Fonctions Matrice des Interactions inter-applications Diagramme des Communications inter-applications Diagramme de localisation des Applications et des Utilisateurs Diagramme des cas d'usage Applications Diagramme de l'Administrabilité de l'Entreprise Diagramme de Réalisation des Processus/Applications Diagramme de l'Ingénierie Logicielle Diagramme de la Migration des Applications Diagramme de Distribution des Logiciels
Phase D	Catalogue des Standards Techniques Catalogue des Portefeuilles Techniques Matrice Applications/Techniques Diagramme des Localisations et des Environnements Diagramme de Composition des Plateformes Diagramme des Traitements Diagramme de l'infrastructure matérielle/réseau Diagramme des Réseaux et Communications
Phase E	Diagramme de Contextes des Projets Diagramme des Avantages
Gestion des Exigences	Catalogue des Exigences

5.5 Les Building Blocks

Le standard TOGAF utilise des *Building Blocks de l'Architecture* (ABB) et des *Building Blocks de Solution* (SBB).

Un *Building Block* est simplement un ensemble de fonctionnalités définies pour répondre à des besoins de l'entreprise. Les modes d'assemblage des fonctionnalités, des fournitures et des développements sur mesure sous forme de *Building Blocks* peuvent fortement varier d'une architecture à l'autre. Chaque organisation choisit elle-même la meilleure configuration de ses *Building Blocks*. Des *Building Blocks* bien choisis peuvent améliorer l'intégration des systèmes existants, l'interopérabilité et la souplesse de création de nouveaux systèmes et de nouvelles applications.

Les systèmes sont construits à partir de collections de *Building Blocks*, de manière qu'ils soient interopérables entre eux pour la plupart. Chaque fois que cela se vérifie, il est important que les interfaces d'un *Building Block* soient publiées et soient suffisamment stables.

Les *Building Blocks* peuvent être définis à divers niveaux de détail, selon le stade de développement de l'architecture.

À titre d'exemple, lors d'un premier stade, un *Building Block* peut simplement être constitué d'un groupement de fonctionnalités, comme une base de données de clients ou certains outils d'extraction. Les *Building Blocks* correspondant à ce niveau de définition fonctionnelle sont décrits en tant que *Building Blocks de l'Architecture* (ABB), on se reportera à la Section 3.22. Des produits ou des développements spécifiques vont plus tard venir se substituer aux définitions de ces fonctionnalités, les *Building Blocks* étant alors décrits sous la forme de *Building Blocks de Solution* (SBB), comme l'explique la Section 3.23.

On résume ci-dessous les phases et les étapes clés de l'ADM au cours desquelles les *Building Blocks* sont spécifiés et amenés à évoluer. Elles sont illustrées Figure 15.

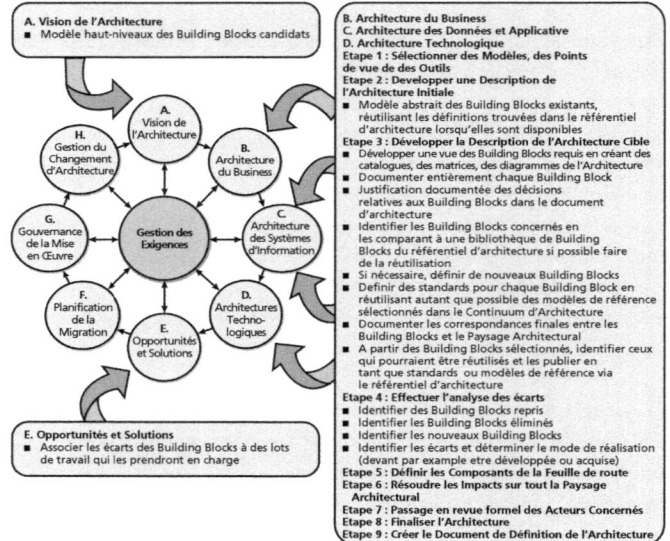

Figure 15 : Building Blocks de l'Architecture et leur utilisation dans le Cycle de l'ADM

Lors de la Phase A, les premières définitions des *Building Blocks* débutent sous la forme d'entités relativement abstraites de la Vision de l'Architecture.

Lors des Phases B, C et D, les *Building Blocks* correspondant aux architectures Business, Données, Applications, et Technologique sont amenés à évoluer ensemble par étapes successives.

Enfin, lors de la Phase E, les *Building Blocks* intègrent des éléments de mise en œuvre à mesure que les SBB intègrent les éléments nécessaires pour combler les écarts identifiés.

Chapitre 6
Le Continuum d'Entreprise

Ce chapitre fournit une introduction au Continuum d'Entreprise.

Les sujets traités dans ce chapitre fournissent :
- Une explication du Continuum d'Entreprise et de sa finalité ;
- L'utilisation du Continuum d'Entreprise pour développer une architecture d'entreprise ;
- Un aperçu général des caractéristiques qui permettent de classer et de partitionner les architectures ;
- Un aperçu général d'un cadre structurel utilisé dans un Référentiel d'Architecture.

6.1 Aperçu général du Continuum d'Entreprise

Le Continuum d'Entreprise illustré sur la Figure 16 est un modèle permettant de structurer un référentiel "virtuel". Il fournit des méthodes de classement des artefacts d'architecture et de solution, en montrant comment les différents artefacts évoluent et en permettant leur réutilisation. Il est alimenté par les architectures et leurs solutions possibles (modèles, *patterns*, descriptions d'architecture, etc.). Ces actifs et ces solutions peuvent être issus de l'entreprise elle-même ou de l'industrie au sens large et être utilisés pour construire de nouvelles architectures.

Une distinction est établie entre les architectures et leurs solutions possibles, cela créant par conséquent un Continuum d'Architecture et un Continuum des Solutions. Comme le montre la Figure 16, le lien entre ces éléments joue le rôle de guide et d'aide pour l'architecte.

Le Continuum d'Entreprise sous-tend deux concepts : la réutilisation lorsque cela est possible, pour éviter notamment d'avoir à tout réinventer, et une aide à la communication. Les actifs qui sont présents tant dans le

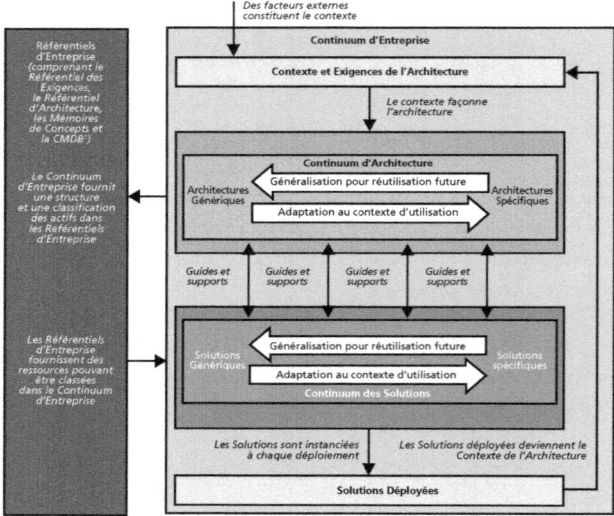

Figure 16 : Le Continuum d'Entreprise

Continuum d'Architecture que dans le Continuum des Solutions sont structurés à plusieurs niveaux, du générique au spécifique. On dispose ainsi d'un langage cohérent permettant de faire ressortir les différences entre les architectures. Comprendre où l'on se situe dans le continuum permet une communication plus efficace. L'utilisation du Continuum d'Entreprise permet d'éviter les ambiguïtés lorsqu'on évoque certains concepts et certains éléments entre différents départements d'une même organisation ou même entre différentes organisations construisant des architectures d'entreprise. La compréhension de l'architecture aide à mieux comprendre la solution. Pouvoir expliquer le concept général sur lequel se fonde une solution facilite la résolution d'éventuels conflits.

Comme l'utilisation du Continuum d'Entreprise s'accompagne généralement d'une augmentation des actifs d'architecture et des solutions associées, les organisations en bénéficieront directement.

6.1.1 Le Continuum d'Entreprise et la Réutilisation d'architectures

Comme exemples d'actifs "issus de l'entreprise", on peut citer les livrables de chantiers antérieurs d'architecture, rendus ainsi réutilisables. Comme exemples d'actifs "issus de l'industrie informatique au sens large", on peut mentionner une grande variété de modèles de référence et de *patterns* architecturaux qui existent déjà dans l'industrie et régulièrement rendus disponibles sur le marché, dont certains sont très génériques (comme le Modèle de Référence Technique TOGAF (TRM)); d'autres sont spécifiques à certains aspects des systèmes d'information (par exemple une architecture pour services Web); d'autres encore sont spécifiques de certains types de traitements de l'information (comme le e-Commerce); et enfin certains qui sont spécifiques d'industries verticales (tels que le modèle de données ARTS créé par l'industrie de la vente de détail). Les décisions que doit prendre une entreprise quant aux actifs d'architecture qu'elle envisage d'intégrer à son Continuum d'Entreprise, relèvent normalement de la fonction de gouvernance de l'architecture à l'échelle de l'entreprise concernée.

6.1.2 Utilisation du Continuum d'Entreprise dans l'ADM

L'ADM TOGAF décrit le processus de développement d'une architecture spécifique à l'entreprise, et d'une solution spécifique à l'entreprise conforme à l'architecture définie, en sélectionnant et adaptant (si nécessaire) des architectures et des solutions génériques. De la même manière, les architecture et solutions spécifiques dont la crédibilité et l'adéquation ont été prouvées seront généralisées pour réutilisation. À certains endroits pertinents de l'ADM, des aide-mémoires indiquent à l'architecte quels actifs d'architecture il serait préférable d'utiliser. La Bibliothèque TOGAF fournit des modèles de référence dont l'usage peut être considéré pour développer les architectures d'une organisation concernée.

6.2 Le Partitionnement de l'Architecture

Les partitions sont utilisées pour simplifier le développement et la gestion de l'architecture d'entreprise. Le partitionnement est à la base de la gouvernance d'architecture et diffère des niveaux d'architecture et des concepts d'organisation du Continuum d'Architecture.

Les architectures sont partitionnées car :
- Les architectures des entités organisationnelles peuvent entrer en conflit les unes avec les autres ;
- Différentes équipes doivent travailler en même temps sur des éléments d'architecture différents, les partitions permettant alors à des groupes d'architectes spécifiques de disposer de certains segments de l'architecture et de les développer ;
- Une réutilisation efficace de l'architecture nécessite des segments architecturaux modulaires pouvant être utilisés et incorporés à des architectures et à des solutions plus étendues.

Il n'est pas pertinent de proposer un modèle de référence pour le partitionnement de l'architecture. Chaque entreprise doit adopter un modèle de partitionnement qui reflète son propre modèle opérationnel. Le standard TOGAF propose des critères de classification qui peuvent être utilisés lors du partitionnement des architectures, ainsi que des recommandations sur les activités de mise en place d'une partition en Phase Préliminaire.

Les étapes pour appliquer le partitionnement d'architecture en Phase Préliminaire sont les suivantes :
- Déterminer la structure de l'organisation d'architecture au sein de l'entreprise ;
- Déterminer les responsabilités de chaque équipe d'architecture ;
- Déterminer les relations entre les architectures.

À la fin de la Phase Préliminaire, les équipes menant les travaux d'architecture doivent être définies. Chaque équipe doit avoir un périmètre défini et les relations entre les équipes et l'architecture doivent être claires. L'affectation des équipes au périmètre de l'architecture est illustrée par la Figure 17.

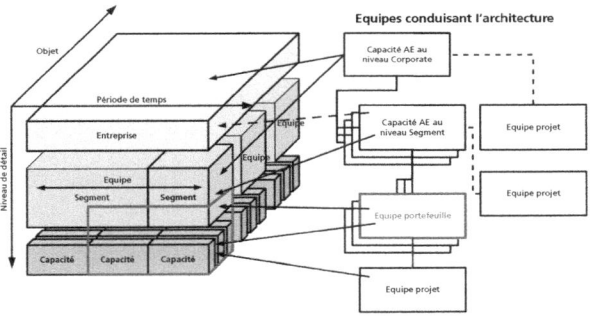

Figure 17 : Affectation des équipes au périmètre de l'architecture

6.3 Le Référentiel d'Architecture

Le concept du Référentiel d'Architecture apporte un soutien au Continuum d'Entreprise et peut être utilisé pour mémoriser différentes classes de sortants architecturaux à divers niveaux d'abstraction, après leur création par l'ADM.

Grâce au Continuum d'Entreprise et au Référentiel d'Architecture, les architectes sont incités à tirer parti de toutes les autres ressources architecturales pouvant être utiles lors du développement d'une Architecture spécifique de l'Organisation.

Dans ce contexte, on peut considérer que l'ADM du standard TOGAF décrit le cycle de vie d'un processus intervenant à de multiples niveaux au sein de l'organisation, opérant au sein d'un cadre de gouvernance holistique et produisant des sortants alignés qui résident dans un

Référentiel d'Architecture. Le Continuum d'Entreprise constitue un contexte très utile permettant de bien comprendre les modèles architecturaux : il fait apparaître les *Building Blocks* et leurs relations mutuelles, ainsi que les contraintes et exigences imposées à un cycle de développement de l'architecture.

La structure du Référentiel d'Architecture TOGAF est représentée sur la Figure 18.

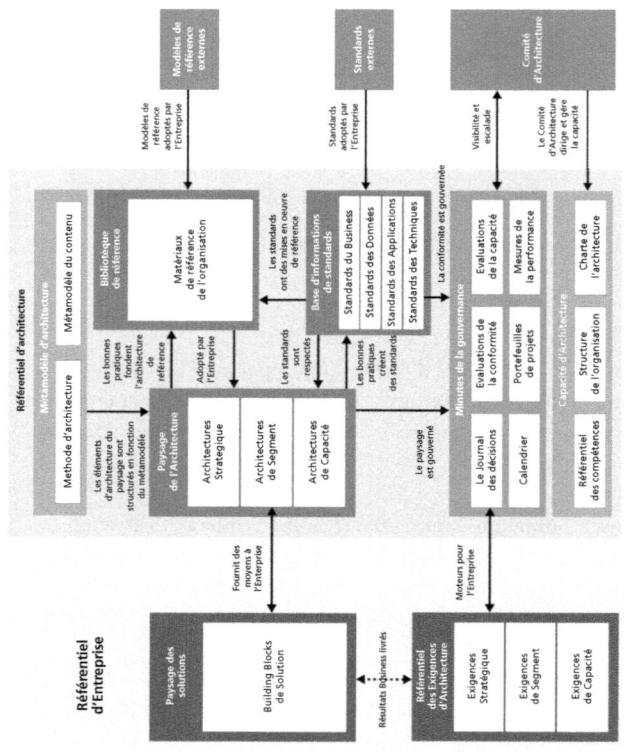

Figure 18 : Structure du Référentiel d'Architecture du standard TOGAF

Les principaux composants d'un Référentiel d'Architecture sont les suivants :
- Le **Méta-modèle d'architecture** décrit l'application d'un cadre d'architecture contextualisé à l'organisation et comprenant un métamodèle du contenu de l'architecture ;
- La **Capacité d'architecture** définit les paramètres, les structures et les processus qui interviennent dans la gouvernance du Référentiel d'Architecture ;
- Le **Paysage de l'architecture** représente une vue architecturale des *Building Blocks* qui sont utilisés à un moment donné au sein de l'organisation (par exemple une liste des applications déployées). Le paysage va vraisemblablement varier aux différents niveaux d'abstraction selon les divers objectifs de l'architecture ;
- La **Base d'Information de Standards** (*SIB – Standards Information Base*) contient les standards que doivent respecter de nouvelles architectures. Cela peut comprendre des standards industriels, des produits et des services sélectionnés disponibles chez des fournisseurs ou des services partagés déjà déployés au sein de l'organisation ;
- La **Bibliothèque de Référence** contient des recommandations, des modèles, des *patterns* et d'autres formes d'informations de référence dont on peut profiter pour accélérer la création de nouvelles architectures destinées à l'entreprise ;
- Le **Journal de la Gouvernance** conserve l'historique de l'activité de gouvernance dans l'ensemble de l'entreprise ;
- Le **Référentiel des Exigences d'Architecture** fournit une vue de toutes les exigences d'architecture autorisées qui ont été validées par le Comité d'Architecture ;
- Le **Paysage des Solutions** présente une description architecturale de tous les SBBs supportant le Paysage d'Architecture tel que planifié ou déployé dans l'entreprise.

6.3.1 Le Référentiel d'entreprise

Le Référentiel d'Architecture est une partie du référentiel d'entreprise plus global. Alors que le Référentiel d'Architecture contient des informations concernant l'architecture d'entreprise et les artefacts associés, il existe un nombre important de référentiels d'entreprise qui soutiennent l'architecture. Ils peuvent inclure les référentiels de développement, les référentiels spécifiques aux environnements opérationnels, aux prescriptions et au management des configurations.

Chapitre 7
Cadre de Capacité d'Architecture

Ce chapitre introduit le Cadre de Capacité d'architecture (*Architecture Capability Framework*).

Le standard TOGAF, Version 9.2, Partie VI : *Cadre de Capacité d'architecture* fournit un ensemble d'informations décrivant comment créer une fonction d'architecture au sein d'une entreprise.

Un résumé du contenu du standard TOGAF 9 Partie VI est indiqué dans le Tableau 17.

Tableau 17 : Résumé du Contenu de la Partie VI du standard TOGAF 9

Chapitre	Description
Créer une Capacité d'architecture	Recommandations sur la manière d'utiliser l'ADM pour créer une Capacité d'architecture au sein d'une organisation
Comité d'Architecture	Recommandations pour la création et le fonctionnement d'un Comité d'Architecture d'entreprise
Conformité de l'Architecture	Recommandations permettant de garantir la conformité d'un projet avec l'Architecture
Contrats d'Architecture	Recommandations pour la définition et l'utilisation de Contrats d'Architecture
Gouvernance de l'Architecture	Cadre conceptuel et recommandations pour la gouvernance de l'Architecture
Modèles de Maturité de l'Architecture	Techniques permettant d'évaluer et de quantifier la maturité d'une organisation du point de vue de l'architecture d'entreprise
Cadre de compétences d'Architecture	Ensemble de normes relatives aux rôles, aux compétences et à l'expérience des personnels réalisant les travaux d'architecture d'entreprise

La structure globale d'un Cadre de Capacité d'architecture est illustrée sur la Figure 19.

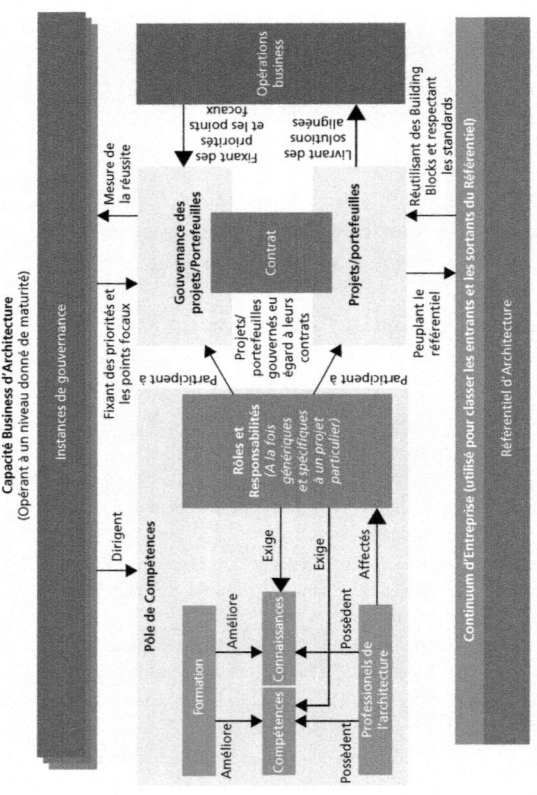

Figure 19 : Cadre de Capacité d'architecture

7.1 Créer une Capacité d'architecture

La mise en œuvre de toute capacité au sein d'une organisation nécessite de concevoir les architectures des quatre domaines : Business, Données, Applications et Technologique. L'établissement de la pratique de l'architecture au sein d'une organisation nécessite donc la conception de :
- L'Architecture du Business, qui met au premier plan la gouvernance d'architecture, les processus de l'architecture, la structure organisationnelle de l'architecture, les besoins en informations de l'architecture, les livrables de l'architecture, etc. ;
- L'Architecture des Données, qui définit la structure du Continuum d'Entreprise et du Référentiel d'Architecture de l'organisation ;
- Architecture Applicative, qui spécifie la fonctionnalité et/ou les services applicatifs nécessaires à la mise en pratique de l'architecture ;
- l'Architecture Technologique, qui spécifie les exigences en ce qui concerne les infrastructures.

7.2 La Gouvernance de l'Architecture

Le Cadre de Capacité d'architecture contient un cadre conceptuel et des recommandations utiles à la gouvernance de l'architecture. La gouvernance de l'architecture est la pratique consistant à gérer et contrôler des architectures d'entreprise et d'autres architectures au niveau de l'ensemble de l'entreprise.

Elle comprend :
- La mise en œuvre d'un dispositif qui pilote la création et le suivi de tous les composants et de toutes les activités d'architecture, pour garantir l'introduction effective, la réalisation et l'évolution des architectures au sein de l'organisation ;
- La mise en œuvre d'un dispositif garantissant le respect des standards et obligations réglementaires internes et externes ;
- L'établissement de processus qui favorisent la gestion efficace des processus mentionnés ci-dessus dans le respect des paramètres contractuels ;

- L'établissement et la documentation de structures décisionnelles qui ont une influence sur l'architecture d'entreprise. Cela inclut les acteurs intervenant lors des prises de decision ;
- Le développement de pratiques qui font en sorte que des comptes soient rendus à une communauté bien définie d'acteurs concernés, tant à l'intérieur qu'à l'extérieur de l'organisation.

7.3 Le Comité d'Architecture

Une architecture d'entreprise est plus qu'une simple collection d'éléments d'architecture produite lors de l'application du processus ADM. Un cadre de décision bien défini est nécessaire pour que l'organisation se comporte en accord avec les Principes énoncés dans l'architecture. Le Cadre de Capacité d'architecture propose un ensemble de recommandations pour établir et mettre en œuvre le Comité d'Architecture d'une entreprise. Le Comité d'Architecture est responsable des aspects opérationnels et doit être en mesure de prendre des décisions dans des situations pouvant être conflictuelles et doit être responsable de cette prise de décision. Il devra donc être représentatif de l'ensemble des acteurs clés de l'architecture, et comprendra typiquement un groupe de dirigeants chargés de l'analyse et de la maintenance de l'architecture à un niveau global. Il est important que les membres du Comité d'Architecture s'intéressent aux domaines de la gestion de l'architecture, du business et des programmes.

Le Comité d'Architecture sera responsable de :
- La production des fondements de toutes les décisions concernant les changements d'architecture ;
- La cohérence des diverses sous-architectures ;
- L'identification de composants réutilisables ;
- La souplesse de l'architecture d'entreprise lui permettant de répondre aux besoins du business et d'exploiter de nouvelles technologies ;
- La mise en application de la conformité de l'architecture ;
- L'amélioration du niveau de maturité de la discipline architecturale au sein de l'organisation ;

- L'adoption de la discipline consistant à effectuer les développements à base d'architecture ;
- La mise en place d'une réelle capacité d'escalade pour les décisions hors normes.

Le Comité d'Architecture est également responsable des aspects opérationnels tels que le suivi et le contrôle des Contrats d'Architecture (Section 3.29), des aspects concernant la gouvernance, comme le fait de produire des informations utilisables pour la gouvernance.

Les tâches importantes à réaliser sont :
- D'attribuer les tâches d'architecture ;
- D'approuver formellement les livrables de l'architecture ;
- De résoudre les conflits architecturaux.

7.4 Conformité de l'Architecture

L'utilisation de l'architecture pour structurer un développement informatique dans une organisation, implique que les projets informatiques respectent la Feuille de Route d'Architecture. Si cela n'est pas le cas, il faut alors pouvoir l'expliquer.

Pour déterminer si cela est le cas, on doit adopter une stratégie de Conformité de l'Architecture faisant appel à des mesures spécifiques garantissant la conformité avec l'architecture. Le Cadre de Capacité d'architecture comprend un ensemble de processus et de recommandations, ainsi qu'une check-list permettant de vérifier que le projet est bien conforme à l'architecture, cela comprenant :
- Des évaluations des Impacts du Projet, qui illustrent l'impact de l'architecture d'entreprise sur les principaux projets développés au sein d'une organisation ;
- Le processus d'Analyse de Conformité de l'Architecture (Figure 20), qui est un processus formel permettant d'analyser la conformité des projets avec l'architecture d'entreprise.

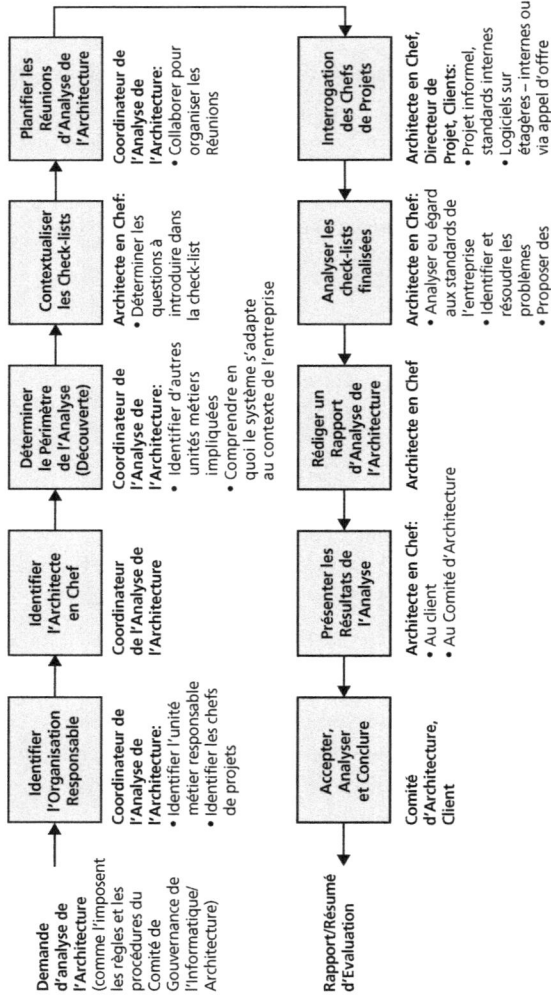

Figure 20 : Le Processus d'Analyse de Conformité de l'Architecture

7.5 Le Cadre des Compétences en Architecture

Le Cadre de Capacité d'architecture propose un ensemble de normes concernant les rôles, les compétences et les expériences des personnels entreprenant des travaux d'architecture d'entreprise.

Les termes "Architecture d'Entreprise" et "Architecte d'Entreprise" sont aujourd'hui largement répandus mais leur définition n'est pas très claire dans l'industrie de l'informatique. Ils servent à désigner diverses pratiques et compétences s'appliquant dans une grande variété de domaines architecturaux. Une meilleure classification de ces termes serait souhaitable et permettrait une compréhension plus implicite du type d'architecte/architecture que l'on décrit.

Ce manque d'uniformité pose des problèmes aux organisations qui souhaitent recruter ou affecter/promouvoir leur personnel à des postes d'architecture. En raison des différentes acceptions de ces termes, on se heurte souvent à un défaut de compréhension et de communication entre ceux qui cherchent à recruter et ceux qui souhaitent se faire embaucher sur ces divers postes d'architecte.

Le Cadre de Compétence d'Architecture du standard TOGAF a pour but de répondre à ce besoin en proposant des définitions des compétences d'architecture et des niveaux de qualification demandés aux personnels, tant internes qu'externes, qui vont jouer les divers rôles d'architecture définis dans le contexte du standard TOGAF.

Parmi les catégories de compétences, on peut citer :
- Les compétences génériques, comprenant typiquement l'aptitude à diriger, le travail en groupe, la sociabilité, etc.,
- Les compétences et les méthodes du business, comprenant typiquement des cas d'étude, des processus métiers, des plans stratégiques, etc.,

- Les compétences en Architecture d'Entreprise, comprenant typiquement la modélisation, la conception des *Building Blocks*, les applications, la définition des rôles et l'intégration des systèmes, etc.,
- Les compétences en gestion de programmes et de projets, comprenant typiquement la gestion des modifications de l'entreprise, les méthodes et les outils de gestion des projets, etc.,
- Les connaissances générales en informatiques, comprenant typiquement les applications de médiation, la gestion des actifs, la planification de la migration, les SLA, etc.,
- Les compétences techniques en informatique, comprenant typiquement l'ingénierie des logiciels, la sécurité, l'échange de données, la gestion des données, etc.,
- L'environnement légal, comprenant typiquement les lois sur la protection des données, les lois régissant les contrats, le droit des marchés, la fraude, etc.

Annexe A
Résumé de la Migration

Cette annexe fournit des informations générales concernant la migration, c'est-à-dire un résumé des changements apportés par rapport au standard TOGAF, Version 9.1 ainsi qu'un résumé entre le standard TOGAF, Version 9.1 et Version 9.2.

A.1 Modifications entre le standard TOGAF, Version 9.1 et Version 9.2

Version 9.1	Version 9.2	Comments
Part I : Introduction	Part I : Introduction	
1 : Introduction	1 : Introduction	L'introduction a été revue pour décrire cette mise à jour et en particulier pour introduire la Bibliothèque TOGAF. Le standard TOGAF est maintenant composé de six parties au lieu de sept (Les modèles de Reference ont été placés dans la Bibliothèque TOGAF). Une description de la structure de la Bibliothèque TOGAF a été ajoutée. Les définitions d'"Enterprise" et du "Modèle d'Exploitation d'Entreprise" de l'"Executive Overview" ont été affinées. Les descriptions ont été mises à jour pour accentuer la "Transformation Digitale". Les sections à la fin du Chapitre 4 du standard TOGAF, Version 9.1 ont été placées à la fin du Chapitre 1 et fournissent des informations sur l'utilisation du standard TOGAF et raisonnement pour joindre le The Open Group.

Version 9.1	Version 9.2	Comments
2 : Core Concepts	2 : Core Concepts	Les références à l'ISO/IEC/IEEE 42010 ont été mises à jour dans tout le document reflétant l'édition de 2011. La structure du Référentiel d'Architecture a été mise à jour pour inclure le Paysage des Solutions et le Référentiel des Exigences d'Architecture. Une référence à l'Architecture de Référence IT4IT a été ajoutée comme exemple d'adoption d'autres éléments pour intégrer lors de l'adaptation du cadre TOGAF. Des améliorations éditoriales mineures ont été appliquées à ce chapitre (et tous les autres).
3 : Definitions	3 : Definitions	Les termes suivants ont été ajoutés : Composant Applicatif, Modèle d'architecture, Capacité Business, Modèle Business, Course of Action, Système de Service Informatique, Type de Modèle, Diagramme des Organisations, Service, Portfolio de Services, Composant Technologique, Service Technologique, Value Stream, Bibliothèque de Points de Vue Les termes suivants ont été supprimés : Interface applicative (API), Contrainte, Méthodologie, Modèle, Gestion de la performance, Plateforme Les termes suivants ont été revus : Acteur, Domaine d'Architecture, Style d'Architecture, Architecture, Méthode de Développement d'Architecture, Cadre d'Architecture, Gouvernance de l'architecture, Boundaryless Information Flow™, Building Block, Business Architecture, Préoccupation, Orientation service, Architecture Orientée Services, Acteur concerné

Version 9.1	Version 9.2	Comments
		Vue et Point de Vue d'Architecture ont été renommés Vue d'Architecture et Poirnt de Vue d'Architecture, Préoccupations, Preoccupation.
4 : Release Notes	Supprimé	Ce chapitre a été supprimé. Les détails de la mise à jour ont été publiés dans un White Paper. Certains passages (4.5, 4.6) sur l'utilisation du standard TOGAF ont été mis à jour et placés à la fin du Chapitre 1.
Part II : Architecture Development Method	Part II : Architecture Development Method	
5 : Introduction	4 : Introduction to Part II	La description des guidelines et techniques a été mise à jour pour inclure la Bibliothèque TOGAF. L'Architecture de Référence IT4IT a été ajoutée aux exemples.
6 : Preliminary Phase	5 : Preliminary Phase	La section "Approach" a été placée à la fin du chapitre. La Bibliothèque TOGAF a été ajoutée comme entrée. Le nom de l'étape "Implement architecture tools" a été changé en "Develop strategy and implementation plans for tools and techniques", et des recommandations ont été ajoutées. L'adaptation de la terminologie recommande la création d'un glossaire d'Entreprise.

Version 9.1	Version 9.2	Comments
7 : Phase A : Architecture Vision	6 : Phase A : Architecture Vision	La section "Approach" a été amplement revue et placée à la fin du chapitre. Le nom de l'étape "Evaluate business capabilities" a été changé en "Evaluate capabilities". Le diagramme des acteurs concernés est explicitement mentionné dans l'étape "Développer une architecture d'entreprise". Des recommandations ont été ajoutées concernant l'évaluation des modèles business et l'identification des capacités business. De nouveaux artéfacts ont été ajoutés : Diagramme de Modèle Business, Carte des Capacités Business, Diagramme de la Chaîne de Valeurs.
8 : Phase B : Business Architecture	7 : Phase B : Business Architecture	La section "Approach" a été amplement revue pour inclure des recommandations sur la Business Architecture et placée à la fin du chapitre. Le premier objectif a été revu pour traiter Définition du Chantier d'Architecture (plutôt que Demande de Mise en Chantier d'Architecture). Artéfacts supplémentaires : Diagramme de Modèle Business, Catalogue des Capacités Business, Catalogue des Value Streams, Catalogue des Etapes d'une Value Stream, Matrice Value Stream/Capacités, Matrice Stratégie / Capacités, Matrice Capacités / Organisations, Carte des Capacités Business (mise à jour), Carte des Value Streams (mise à jour), Diagramme des Organisations

Version 9.1	Version 9.2	Comments
9 : Phase C : Information Systems Architectures	8 : Phase C : Information Systems Architectures	Le texte a été simplifié et réduit aux Objectives et Approach, incluant des références aux deux chapitres suivants pour plus de détails.
10 : Phase C : Information Systems Architectures – Data Architecture	9 : Phase C : Information Systems Architectures – Data Architecture	Le premier objectif a été revu pour traiter Définition du Chantier d'Architecture (plutôt que Demande de Mise en Chantier d'Architecture). La section "Approach" a été légèrement revue des exemples de standards et placée à la fin du chapitre.
11 : Phase C : Information Systems Architectures – Application Architecture	10 : Phase C : Information Systems Architectures – Application Architecture	Le premier objectif a été revu pour traiter Définition du Chantier d'Architecture (plutôt que Demande de Mise en Chantier d'Architecture). La section "Approach" a été légèrement revue et placée à la fin du chapitre. Dans les étapes, un "must" a été changé en "should" ("should complete all steps") pour accompagner le développement agile.
12 : Phase D : Technology Architecture	11 : Phase D : Technology Architecture	Le premier objectif a été revu pour traiter Définition du Chantier d'Architecture (plutôt que Demande de Mise en Chantier d'Architecture) et a été raffiné pour focaliser sur l'apport de building blocks à travers les composants technologiques et services. La section "Approach" a été revue pour traiter des technologies émergentes et de la transformation digitale, et placée à la fin du chapitre. Les références aux modèles de référence TRM et III-RM ont été mises à jour pour renvoyer vers les TOGAF Series Guides.

Version 9.1	Version 9.2	Comments
13 : Phase E : Opportunities & Solutions	12 : Phase E : Opportunities & Solutions	Un objectif a été ajouté pour définir les Building Blocks de Solution (SBB) afin de finaliser l'architecture cible. La section "Approach" a été légèrement revue et placée à la fin du chapitre.
14 : Phase F : Migration Planning	13 : Phase F : Migration Planning	La section "Approach" a été légèrement revue et placée à la fin du chapitre.
15 : Phase G : Implementation Governance	14 : Phase G : Implementation Governance	La section "Approach" a été légèrement revue et placée à la fin du chapitre.
16 : Phase H : Architecture Change Management	15 : Phase H : Architecture Change Management	La section "Approach" a été placée à la fin du chapitre.
17 : ADM Architecture Requirements Management	16 : ADM Architecture Requirements Management	La section "Approach" a été placée à la fin du chapitre. Les références à la "Requirements Repository" ont été changées en "Architecture Requirements Repository".
Part III : ADM Guidelines and Techniques	Part III : ADM Guidelines and Techniques	
18 : Introduction	17 : Introduction to Part III	Réferences aux guides externes pour des exemples de styles d'architecture : Security et SOA. Du contenu supplémentaire sur les styles d'architecture a été fourni ainsi que des exemples de documents. Des modifications rédactionnelles mineures ont été appliquées.
19 : Applying Iteration to the ADM	18 : Applying Iteration to the ADM	Changements rédactionnels mineurs. Aucun changement substantiel.

Version 9.1	Version 9.2	Comments
20 : Applying the ADM across the Architecture Landscape	19 : Applying the ADM across the Architecture Landscape	Changements rédactionnels mineurs. Aucun changement substantiel.
21 : Security Architecture and the ADM	Supprimé	Ce chapitre a été supprimé. Les recommandations sur risque et sécurité sont publiées séparément dans le guide : Integrating Risk and Security within a TOGAF® Enterprise Architecture ; disponible : www.opengroup.org/library/g152
22 : Using TOGAF to Define & Govern SOAs	Supprimé	Ce chapitre a été supprimé. Le contenu est maintenant publié dans : TOGAF® Series Guide : Using the TOGAF® Framework to Define and Govern Service-Oriented Architectures ; disponible dans : www.opengroup.org/library/g174
23 : Architecture Principles	20 : Architecture Principles	Changements rédactionnels mineurs. Aucun changement substantiel.
24 : Stakeholder Management	21 : Stakeholder Management	L'exemple de diagramme des acteurs concernés a été mis à jour pour inclure les nouveaux artéfacts de la Business Architecture.
25 : Architecture Patterns	22 : Architecture Patterns	L'introduction a été mise à jour. Les exemples dans les Sections 25.1.4, 25.2, and 25.3 ont été supprimés car ils ne sont plus disponibles. Changements rédactionnels mineurs.
26 : Business Scenarios and Business Goals	Supprimé	Ce chapitre a été supprimé et publié séparément comme dans : TOGAF® Series Guide : Business Scenarios ; disponible dans : www.opengroup.org/library/g176

Version 9.1	Version 9.2	Comments
27 : Gap Analysis	23 : Gap Analysis	Mise à jour du texte reflétant l'utilisation de TOGAF TRM plutôt que Technical Reference Model. Changements rédactionnels mineurs. Aucun changement substantiel.
28 : Migration Planning Techniques	24 : Migration Planning Techniques	Plutôt que de référer directement au TOGAF TRM, le texte est mis à jour pour référer aux services d'une taxonomie définie par l'entreprise.
29 : Interoperability Requirements	25 : Interoperability Requirements	La fin de la section Summary a été supprimée. Sinon, aucun changement substantiel.
30 : Business Transformation Readiness Assessment	26 : Business Transformation Readiness Assessment	Changements rédactionnels mineurs. Aucun changement substantiel.
31 : Risk Management	27 : Risk Management	Changements rédactionnels mineurs. Aucun changement substantiel.
32 : Capability-Based Planning	28 : Capability-Based Planning	Changements rédactionnels mineurs. Aucun changement substantiel.
Part IV : Architecture Content Framework	**Part IV : Architecture Content Framework**	
33 : Introduction	29 : Introduction to Part IV	L'illustration du Méta-modèle de contenu a été mise à jour. Dans la Business Architecture, la catégorie Fonction a été changée en Comportement, Fonctions, Capacités Business, Value Stream, Course of Action et Value Streams ont été ajoutés à la catégorie Comportement. Localisation a été placée dans les Exigences d'Architecture. Dans l'architecture technologique, les Services de Plateformes ont été changés en Services techniques. Changements rédactionnels mineurs.

Version 9.1	Version 9.2	Comments
34 : Content Metamodel	30 : Content Metamodel	Les descriptions des concepts Catalogues, Matrices et Diagrammes ont été placées dans le Chapitre 35. Les Services de Plateformes ont été changés en Services techniques. Les entités Business Capability, Course of Action, Value Stream ont été ajoutées au méta-modèle. La liste d'artéfacts par phase a été retirée de ce chapitre. Les changements du méta-modèle s'appliquant aux extensions sont référés en tant qu'"Extensions". La représentation du méta-modèle et les tableaux de relations dans le méta-modèle ont été revues. De nouvelles relations ont été ajoutées, d'autres ont été modifiées. Des changements ont été appliqués afin de maintenir une cohérence entre les tableaux. L'entité Localisation est maintenant une entité d'ensemble/générale, en conséquence le texte la concernant a été supprimée de l'"Infrastructure Consolidation extension". Le schéma montre maintenant un élément cœur blanc. Le nom du diagramme de Communications et Engineering a été modifié en diagramme de Network and Communications.

Version 9.1	Version 9.2	Comments
35 : Architectural Artifacts	31 : Architectural Artifacts	Terminologie et schéma ont été mis à jour à la norme ISO/IEC/IEEE 42010:2011 and ISO/IEC/IEEE 15288:2015 La description des catalogues, matrices et diagrammes du Chapitre 34 a été placée dans ce chapitre. Des artéfacts ont été ajoutés : Diagramme de Modèle Business, Carte de Capacités Business, Carte de Value Stream, Catalogue des Capacités Business, Catalogue des Value Streams, Catalogue des Etapes d'une Value Stream, Matrice Value Stream/Capacités, Matrice Stratégie / Capacités, Matrice Capacités / Organisations, Diagramme des Organisations Le nom du diagramme de Communications et Engineering a été modifié en diagramme de Network and Communications. La Section 35.7 qui est obsolète a été supprimée.
36 : Architecture Deliverables	32 : Architecture Deliverables	La description des changements d'adaptation a été modifiée de "project and process management frameworks to simply management frameworks". Changements rédactionnels mineurs. Aucun changement substantiel.
37 : Building Blocks	33 : Building Blocks	Changements rédactionnels mineurs. Aucun changement substantiel.
Part V : Enterprise Continuum & Tools	**Part V : Enterprise Continuum & Tools**	
38 : Introduction	34 : Introduction to Part V	Changements rédactionnels mineurs. Aucun changement substantiel.

Version 9.1	Version 9.2	Comments
39 : Enterprise Continuum	35 : Enterprise Continuum	Mises à jour mineures pour positionner le TOGAF TRM comme exemple. Les références aux TRM et III-RM ont été placées dans les TOGAF Series Guides et la Bibliothèque TOGAF. L'Architecture de Référence IT4IT a été ajoutée comme exemple.
40 : Architecture Partitioning	36 : Architecture Partitioning	Changements rédactionnels mineurs. Aucun changement substantiel.
41 : Architecture Repository	37 : Architecture Repository	Le Référentiel des Exigences d'Architecture et le Paysage des solutions ont été ajoutés au Référentiel d'Architecture. L'Architecture de Référence IT4IT a été ajoutée comme exemple. La liste d'exemples externes de modèles de référence a été supprimée.
42 : Tools for Architecture Development	38 : Tools for Architecture Development	Changements rédactionnels mineurs. Aucun changement substantiel.
Part VI : TOGAF Reference Models	Supprimé	
43 : Foundation Architecture : Technical Reference Model	Supprimé	Contenu publié dans : TOGAF® Series Guide : The TOGAF Technical Reference Model (TRM) ; disponible dans : www.opengroup.org/library/g175 Partie VI supprimée.
44 : Integrated Information Infrastructure Reference Model	Supprimé	Contenu publié dans : TOGAF® Series Guide : The TOGAF Integrated Information Infrastructure Reference Model (III- RM) : An Architected Approach to Boundaryless Information Flow™ ; disponible dans : www.opengroup.org/library/g179

Version 9.1	Version 9.2	Comments
Part VII : Architecture Capability Framework	**Part VI : Architecture Capability Framework**	
45 : Introduction	39 : Introduction to Part VI	Changements rédactionnels mineurs. Aucun changement substantiel.
46 : Establishing an Architecture Capability	40 : Establishing an Architecture Capability	Changements rédactionnels mineurs. Aucun changement substantiel.
47 : Architecture Board	41 : Architecture Board	Changements rédactionnels mineurs. Aucun changement substantiel.
48 : Architecture Compliance	42 : Architecture Compliance	Changements rédactionnels mineurs. Aucun changement substantiel.
49 : Architecture Contracts	43 : Architecture Contracts	Changements rédactionnels mineurs. Aucun changement substantiel.
50 : Architecture Governance	44 : Architecture Governance	Référence au White Paper : Mapping between TOGAF 8.1 and COBIT 4.0 supprimée. Changements rédactionnels mineurs.
51 : Architecture Maturity Models	45 : Architecture Maturity Models	Le texte concernant "ACMM Version 1.2" a été supprimé. Level 5 : Optimizing a été modifié en Level 5 : Measured.
52 : Architecture Skills Framework	46 : Architecture Skills Framework	Changements rédactionnels mineurs. Aucun changement substantiel.
Appendices	**Appendices**	
A : Glossary of Supplementary Definitions	A : Glossary of Supplementary Definitions	La définition de Système a été alignée avec l'ISO/IEC/IEEE 15288:2015. Les termes supplémentaires qui ne sont plus utilisés dans le document ont été supprimés ou placés dans le chapitre des Définitions (ex., Composant Applicatif, Service de Système Informatique, Service, Composant Technologique). Changements mineurs pour respecter la cohérence.
B : Abbreviations	B : Abbreviations	Changements rédactionnels mineurs.

Annexe B
Modèles de Référence TOGAF

Cette annexe fournit une brève introduction des 2 Modèles de Référence TOGAF mis à disposition dans la Bibliothèque TOGAF.

A.2 Architecture Socle TOGAF

L'Architecture Socle TOGAF est une architecture qui fournit un socle sur lequel des architectures spécifiques et des composants d'architecture peuvent être définies. Cette Architecture Socle est matérialisée dans le Modèle de Référence Technique (TRM). Le TRM est générique et peut donc être utilisé pour concevoir toute architecture de système.

Modèle de Référence Technique (Technical Reference Model – TRM)
Le TRM, représenté dans la Figure 21, est un modèle et une taxonomie de plateforme de services génériques. La taxonomie définit la terminologie et fournit une description cohérente de ses composants. Son objectif est de donner une description conceptuelle d'un Système d'Information. Le modèle TRM est une représentation graphique de la taxonomie constituant une aide à la compréhension.

A.3 Modèle de Référence d'Infrastructure d'Informations Intégrée (Integrated Information Infrastructure Reference Model – III-RM)

Alors que l'Architecture Socle décrit un environnement de plateforme applicative typique, le second modèle de référence Modèle de Référence d'Infrastructure d'Informations Intégrée (III-RM inclus dans le Continuum d'Entreprise, se concentre sur le domaine des logiciels applicatifs. Le III-RM est une « Architecture de Système Commun » dans les concepts du Continuum d'Entreprise.

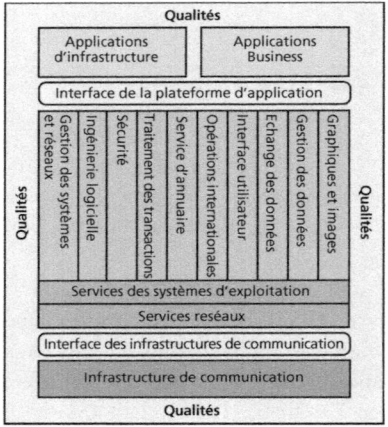

Figure 21 : Modèle de Référence TOGAF (Technical Reference Model – TRM)

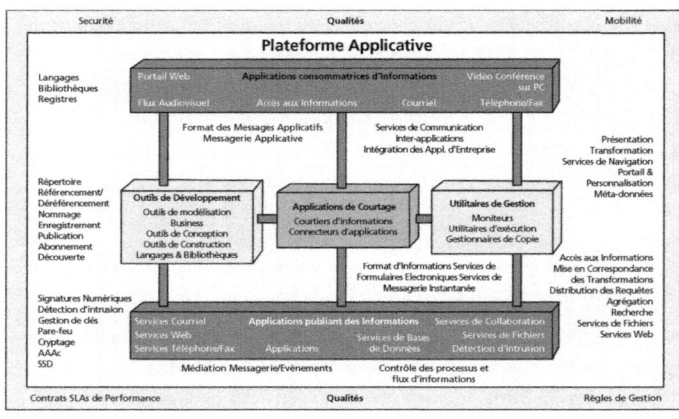

Figure 22 : Le Modèle III-RM en Détail

Le III-RM est représenté dans, et comme un sous-ensemble du TRM TOGAF, en termes de portée générale, mais il détaille certaines parties du TRM, en particulier dans les parties des applications business et des applications d'infrastructure.

Glossaire

Acteur Concerné (*Stakeholder*)
Un individu, une équipe ou une organisation, ou une catégorie de ceux-ci, ayant un intérêt dans un système.

Architecture (*Architecture*)
L'architecture a deux significations selon son contexte d'utilisation :
1. Les concepts fondamentaux ou les propriétés d'un système dans son environnement concrétisé par ses éléments, relations, et par les Principes de sa conception et de son évolution.
2. La structure des composants, des relations entre ces composants, et les Principes et recommandations pilotant leur conception et leur évolution au cours du temps.

Architecture Applicative (*Application Architecture*)
Description de la structure et des interactions des applications qui concrétisent les dispositifs fournissant des fonctions business clés et gèrent les données.

Architecture Cible (*Target Architecture*)
La description d'un futur état de l'architecture en cours de développement pour une organisation.

Architecture du Business *(Business Architecture)*
Une représentation de vues d'entreprise holistiques et multidimensionnelles : des capacités, de l'apport de valeur de bout en bout, de l'information et de la structure organisationnelle ; et des relations entre ces vues et la stratégie, les produits, politiques, initiatives et les acteurs concernés.

Architecture de Capacité *(Capability Architecture)*
Description détaillée d'une approche d'architecture pour réaliser une solution spécifique ou un aspect d'une solution.

Architecture des Données (*Data Architecture*)
Une description de la structure et de l'interaction des principaux types et sources de données de l'entreprise, aux niveaux logique et physique et des dispositifs pour gérer ces données.

Architecture de Fondation (*Foundation Architecture*)
Building blocks génériques, leurs interrelations avec les autres building blocks, combinés avec les Principes et lignes directrices qui fournissent une base sur laquelle les architectures plus spécifiques peuvent être construites.

Base de référence (*Baseline*)
Une spécification qui a été formellement revue et approuvée, qui sert ensuite de base à d'autres développements ou changements et qui ne peut être modifiée que par des procédures formelles de contrôle des changements ou un type de procédure tel que la gestion de la configuration.

Architecture Orientée Services (*SOA – Service-Oriented Architecture*)
Un style d'architecture supportant l'approche Orientée services.

Architecture des Segments (*Segment Architecture*)
Une description formelle et détaillée d'une partie de l'entreprise, utilisée aux niveaux programme ou portefeuille afin d'organiser et d'aligner les activités de changement.

Architecture de Solution (*Solution Architecture*)
Une description d'une opération ou d'une activité délimitée et précise et la manière dont le système d'information et la plateforme technologique soutiennent cette opération.

Architecture Technologique (*Technology Architecture*)
Une description de la structure et de l'interaction des services technologiques et des composants technologiques.

Architecture de Transition (*Transition Architecture*)
Une description formelle d'un état de l'architecture à un moment significatif pour l'architecture.

Building Block de l'Architecture (*ABB – Architecture Building Block*)
Un composant d'architecture qui décrit un aspect du modèle global.

Building Block de Solution (*SBB – Solution Building Block*)
Une solution candidate de mise en œuvre qui respecte la spécification d'un *Building Block de l'Architecture* (ABB).

Cadre (*Framework*)
Une structure pour des contenus ou des processus qui peut être utilisé comme un outil pour structurer la réflexion, assurant cohérence et complétude.

Cadre d'Architecture (*Architecture Framework*)
Un cadre conceptuel utilisé pour planifier, développer, mettre en œuvre, piloter et maintenir une architecture.

Capacité (*Capability*)
Une aptitude que possède une organisation, une personne ou un système.

Continuum d'Architecture (*Architecture Continuum*)
Un référentiel d'éléments d'architecture positionnés dans une échelle croissante de détail et de spécialisation.

Continuum d'Entreprise (*Enterprise Continuum*)
Un mécanisme de catégorisation utile pour classer les artefacts d'architecture et de solution, internes et externes au Référentiel d'Architecture, permettant de les cataloguer comme des architectures socles génériques jusqu'à des architectures spécifiques à l'organisation.

Continuum des Solutions *(Solutions Continuum)*
Une partie du Continuum d'entreprise. Un référentiel de solutions réutilisables pour les futures mises en œuvre. Il contient des implémentations des *Building Blocks de l'Architecture* correspondants définis dans le Continuum d'Architecture.

Écart *(Gap)*
Une formalisation d'une différence entre deux états de l'architecture. Concept utilisé dans le contexte de l'Analyse des Écarts où sont identifiés les différences entre l'architecture initiale et l'architecture cible.

Entreprise (*Enterprise*)
Typiquement le plus haut niveau de description d'une organisation qui englobe toutes les missions et les fonctions. Une entreprise sera souvent répartie en plusieurs organisations.

Exigence (*Requirement*)
Une déclaration de besoin qui doit être satisfaite par une architecture ou un lot de travaux particulier.

Gestion des Risques *(Risk Management)*
La gestion des risques et problèmes qui peuvent menacer le succès de la pratique d'architecture entreprise et sa capacité à répondre à la vision, buts et objectifs, et, ce qui est important, à la fourniture du service.

Gouvernance *(Governance)*
La discipline de supervision, de management et de pilotage d'une activité business (ou SI/IT) pour garantir les résultats attendus.

Incrémentation de Capacité *(Capability Increment)*
Une évolution d'une capacité qui apporte une valeur spécifique. Lorsque tous les incréments de capacités ont été mis en œuvre, la capacité a été réalisée.

Lot de Travail *(Work Package)*
Un ensemble de tâches identifiées afin d'achever un ou plusieurs objectifs métier. Un lot de travaux peut être une partie d'un projet, un projet complet, ou un programme.

Métamodèle *(Metamodel)*
Un modèle qui décrit comment et avec quels concepts l'architecture sera décrite de façon structurée.

Méthode de Développement d'Architecture (*ADM – Architecture Development Method*)
La partie centrale du standard TOGAF. Une approche itérative par phases pour développer et utiliser une architecture d'entreprise, permet de structurer et de piloter les projets métier de transformation et de mises en œuvre.

Modèle de Référence Technique (*TRM – Technical Reference Model*)
Structure qui permet de décrire les composants d'un système d'information de manière cohérente.

Orientation Service (*Service-Orientation*)
Présentation d'une entreprise, d'un système ou d'un building block en termes de services fournis et consommés.

Point de Vue d'Architecture *(Architecture Viewpoint)*
Spécification des conventions à utiliser pour la construction et l'utilisation d'une Vue d'Architecture.

Principes d'architecture
Une déclaration qui devrait être respecté par l'architecture afin d'en maximiser la qualité.

Référentiel *(Repository)*
Un système qui gère un ensemble de données d'une entreprise – les modèles de données et de processus ainsi que d'autres informations d'entreprise.

Service
Une activité reproductible et élémentaire qu'un building block peut réaliser sur demande ou en étant déclenché.

Value Stream
Représentation d'un enchaînement d'activités de bout en bout apportant de la valeur ajoutée et qui créent un résultat final pour un client, un acteur concerné ou un utilisateur.

Vue d'Architecture *(Architecture View)*
La représentation d'un système selon la perspective d'un ensemble de préoccupations.